서문문고
313

오르테가의 철학사상

정영도 지음

머 리 말

호세 오르테가 이 가세트(Jose Ortega y Gasset)는 20세기 스페인을 대표하는 지적인 영웅 세 사람들(오르테가, 우나무노, 피카소) 가운데 한 사람이다. 오르테가는 동시에 20세기의 철학을 대표하는 세 사람의 철학자들(칼 야스퍼스, 마르틴 하이데거, 오르테가) 가운데 한 사람이기도 하다. 사람에 따라서는 이러한 규정을 부정하기도 한다. 왜냐하면 오르테가는 야스퍼스 및 하이데거와 동일한 반열에 오를 수 없기 때문이다.

이러한 부정적 평가는 독일철학 위주의 편견에서 비롯하는 사고의 결과이다. 오르테가의 생적 이성의 철학은 사실 하이데거와 사르트르의 철학사상에 결정적인 실마리를 주고 있다. 하이데거의 ·「존재와 시간」에 담긴 철학사상은 그 책이 출판되어 나오기 훨씬 이전에 오르테가가 저술한 「돈키호테에 관한 성찰」에 이미 담겨져 있었다. 특히 사르트르가 사용하는 철학적 개념들은 지나치게 표현하면 오르테가의 철학적 개념들을 표절한 것이 아닐까라는 의구심이 생길 듯도 하다.

오르테가가 대체로 야스퍼스, 하이데거, 사르트르에 비해서 철학자의 지명도와 철학사상의 깊이에 대한 인지도에서 훨씬 뒤지는 것은 현실적으로 분명한 사실이다. 그러나 오르테가의 철학사상 속으로 깊숙이 들어간 사람만은 오르테가의 철학사상의 깊이에 심취하고 경탄하지 않을 수 없다. 따라서 오르테가의 철학사상은 결코 야스퍼스나 하이데거의 그것에 뒤지지 않는다는 것을 절감(切感)케 한다.

오르테가의 생적 이성의 철학은 특히 한국인의 정서에는 꼭 들어맞는다. 한국인의 기질이라고 흔히들 지칭하는 은근과 끈기는 오르테가의 생적 이성의 변증법이라든가 생적 이성의 원근법주의와의 공감대를 형성할 것 같은 느낌을 준다.

오르테가는 한국철학계에는 오랫동안 거의 알려지지 않았다. 저자가 오르테가의 철학사상에 관한 연구논문을 서너 종류의 철학회지들에 발표하고 그의 주요 저서들 가운데 서너 종류를 번역하여 소개함으로써 비로소 오르테가라는 이름이 알려지게 되었다.

저자는 이 책을 씀에 있어 제4장 "오르테가에 있어서 사고와 실재"는 Jose Ferater Mora의 『Ortega Y Gasset — An Outline of Philosophy』 가운데 V. Thought and Reality를, 제5장 "이성·생기론"은 위의 책 가운데 Ⅳ. Ratio Vitalism을 요약·해석하여 여기에 수록하고 있다. 그리고 제6장 "오르테가에 있어서 대중의 존재 전형과 반역"은 오르테가의 『Der Aufstand der Massens』의 내용을 번역·요약하면서 장선영 교수의 『대중의 반역』이라는 번역판을 참조한 것이다. 이 모든 분들에게 감사를 드린다.

「오르테가의 생적 이성의 철학」은 오르테가의 학술적인 연구 저서로서는 한국에서는 최초의 연구 저서가 되는 셈이다. 한국에서 오르테가 연구는 불모지나 다름없고 저자의 번역서들과 연구논문들밖에는 어떤 연구 문헌들조차 없는 오르테가 연구의 사막화에서 이루어져 왔다. 이러한 근거에서 저자의 연구 저서는 저서의 도처에서 오르테가 사상의 오해와 독특하고 고유한 철학적 개념의 한글화의 오류를 노정하고 있을 것이다. 저자는 앞으로 시간을 두고 완전을 향해서 지속적으로 고쳐나갈 것을 독자 제현께 약속한다.

   끝으로 이 책의 출판을 맡아주신 최석로 사장님께 충심으로 감사를 드린다.

※ 오르테가의 철학사상

차 례

제1장 오르테가의 생적 이성의 변증법 / 11
Ⅰ. 근본실재로서 삶의 개념이 현대철학에 대해서 가지는 기초적 의의 / 11
  1. 형이상학적 실재 개념에 대한 비판 ·················· 13
  2. 실재론과 관념론의 실재관에 대한 비판적 반성 22
  3. 「나와 사물과의 공재(共在)」로서 삶이라는 새로운 근본실재 ··· 30
Ⅱ. 삶의 역사성 / 36
  1. 삶의 현존적 속성 ································· 36
  2. 삶의 경험의 변증법적 연속 ················· 43
Ⅲ. 사물·주위·환경·세계에 대한 두 가지 방식의 이해 / 56
  1. 사물의 의미 ··· 56
  2. 주위, 환경, 세계의 의미 ····················· 61
Ⅳ. 세계의 구조 / 69
  1. 세계의 형식적 구조 ···························· 69
   1) 세계의 제1의 구조적 법칙 ················ 71
   2) 세계의 제2의 구조적 법칙 ················ 75

  3) 세계의 제3의 구조적 법칙 ·························· 77
  4) 세계의 제4의 구조적 법칙 ·························· 81
 2. 세계의 내용적 구조 ·· 84
  1) 인간과 무생물 간의 관계 ···························· 85
  2) 인간과 동물 간의 관계 ······························ 86
  3) 타자의 출현과 우리들 각인의 상호적 관계 ·· 89
Ⅴ. 새로운 형이상학의 정초 / 102

제2장 오르테가 철학의 헤라클레이토스적 배경 / 113
Ⅰ. 이성의 추상적 Schema로서 존재의 자기동일성 / 115
Ⅱ. 변화의 구조에 흐르는 생적 이성의 이해 / 123
Ⅲ. 삶에 있어서 생적 이성의 현존 양식 / 135

제3장 오르테가의 기술론 / 144
Ⅰ. 삶의 초자연적 조건으로서 기술 / 144
Ⅱ. 기술의 심층 지대로서 삶의 분석 / 151
Ⅲ. 역사에 있어서 기술의 여러 단계 / 163
Ⅳ. 우리 시대에 있어서 인간과 기술 / 170

제4장 오르테가에 있어서 사고와 실재 / 175
  Ⅰ. 존재의 관념 / 175
  Ⅱ. 가설로서의 존재 / 181

제5장 오르테가의 이성·생기론* / 186
  Ⅰ. 생적 이성의 개념 / 186
  Ⅱ. 사회이론 / 199

제6장 오르테가에 있어서 대중의 존재 전형과 반역 / 210
  Ⅰ. 대중의 출현 / 211
  Ⅱ. 대중의 반역 양상 / 213
    1. 대중의 존재 전형으로서 평균인의 반역 양태·· 216
    2. 대중인의 범속성과 귀족의 고귀성 ··················· 219
  Ⅲ. 대중인의 지배 양상 / 224
    1. 대중인으로서 응석받이 ························· 225
    2. 무식한 유식군으로서 전문가 ······························ 227
참고문헌 / 231
부록 : 오르테가의 생애와 사상 / 235
찾아보기 / 248

제1장 오르테가의 생적 이성의 변증법

Ⅰ. 근본실재로서 삶의 개념이 현대철학에 대해서 가지는 기초적 의의

오르테가는 전통적인 형이상학을 거부하고 새로운 형이상학의 정초를 위해서 지난 날의 실재론(Realismus)과 관념론(Idealismus)을 비판하고 있다. 과거의 실재론과 관념론은 각각 일면적인 진리성만을 가지고 있다고 그는 주장하고 있다.

실재론과 관념론은 전통적인 형이상학의 주류를 형성하고 있다. 실재론은 전통적인 형이상학에서 제1명제로 설정되어 있고, 관념론은 제2명제로 설정되어 있다. 실재론의 근본 입장은 소박한 명제로서 절대적 근본 명제이기에는 불충분하며, 관념론의 주안점은 독단을 벗어나지 못하고 있다. 오르테가는 이 두 가지 근본 입장을 극복·지양하는 것을 자기의 철학적 사유의 과제로 삼는다. 오르테가는 나와 세계 간의 상호의존적, 상호공속적, 상호교섭적 작용으로써 일어나는 드라마(Drama)로서의 삶이야말로 새로운 형이상학의 토대가 되어야 할 근본실재(Grundwirklichkeit)이다고 주장하고 있다.

근본실재로서의 삶은 물리학적 이성(physikalische Vernunft)이나 헤겔(Hegel)의 변증법적 이성(dialektische Vernunft)에 의해서는 이해되지 않고, 생적 이성(生的 理性 vitale Vernunft)에 의해서만 이해된다. 종래의 물리학적 이성은 인간의 삶에 대해서 항상 무능을 드러내고 있다. 따라서 이러한 현상은 오르테가에 있어 생적 이성에의 길을 터놓는 요인이 되고 있다.

물리학적 이성이 인간적 삶에 직면하여 한계를 드러내는 것은 근본실재로서의 삶이 고정된 불변적 존재가 아니고, 헤라클레이토스(Herakleitos)가 말한 변화를 그 실체로서 함유하고 있기 때문에 일어나는 불가피적 결과이다. 물리학적 이성은 "인간이란 자연, 즉 본질을 가지고 있는 존재에 불과하다"고 주장하는 관념론의 영역에서는 절대적인 힘을 가질 수 있지만, 인간이란 자연을 가지고 있는 존재가 아니고 무한한 조형가능적 존재라고 이해하는 오르테가의 생적 이성의 철학에서는 그것은 한갓 허구로 생각되고 있다.

오르테가에 의하면 삶은 인간의 자기 성찰을 통한 경험의 변증법적 연속(die dialektische Reihe der Erfahrungen)이다. 그러므로 삶은 그 현전성에 축적된 과거성을 고려함으로써 그 미래성을 결단하는 생적 이성에 의해서만 이해된다. 다시 말해서 삶에의 이해는 삶의 역사성 및 사회성을 밝히는 생적 이성에 의해서만 가능하다.

오르테가는 삶이야말로 다른 모든 실재들이 그것에 뿌리를 가지는 그러한 근원적인 실재임을 천명하고, 그리하여 이 삶의 근본 구조를 밝힘으로써 새로운 형이상학의 정초를 시도할려고 하였다.

1. 형이상학적 실재 개념에 대한 비판

오르테가는 역사를 인간적 삶의 경험의 변증법적 연속으로 이해한다. 역사는 인간이 삶을 살아가는 근본적인 신념의 체계(das System der Glaubensgewißheiten) 또는 확신의 목록(das Repertorium der Uberzeugungen)이다.1) 이 신념은 삶의 심층적인 기층이며 인간이 삶을 살아감에 있어 그 발 아래에 있는 토대이다.2)

신념은 근본적으로 관념과 다르다.3) 신념은 그것이 사유되었을 때 이미 그 역할과 존속을 끝마친다. 관념은 인간 자신의 의지 없이도 인간의 정신 속에서 일어나며 인간의 행위에 아무런 영향을 끼치는 바 없이도 사유될 수 있다. 그러나 신념은 단순히 사유될 수 없다. 인간이 그 무엇에 대하여 믿는다는 것은 삶을 살고 있는 존재의 기능, 즉 삶이라는 과제의 수행을 지도하는 기능을 한다.

신념은 구조와 질서 체계를 가지고 있다.4) 그러므로 인간의 현존재에 대한 진단은 그것이 개인, 민족, 시대이건 간에 그 신념의 체계 및 목록을 밝히는 일에서 시작해야 한다. 인

---

1) Ortega, Geschichte als System. 341쪽 * 이하 G.a.S라고 약기함
   ------, History as System. 165쪽 · 이하 H.a.S라고 약기함
2) 같은 책, 같은 쪽 / H.a.S., 166쪽
3) 오르테가에 있어 신념이란 사상을 말한다. 그것은 곧 인생관 및 세계관이기도 하다.
4) 같은 책 342쪽 / H.a.S., 167쪽.

간은 자기 자신의 신념, 다른 사람의 신념, 오늘날 시대의 신념, 다른 시대의 신념을 이해함으로서만 인간존재의 실존을 이해할 수 있다. 주어진 시기에 있어 인간의 여러 신념들의 상태를 확인하기 위한 방법이란 어느 한 시기를 다른 시기와 비교하는 데 있다. 오늘날 시대의 신념을 이해하기 위해서는 지나간 시대의 신념을 인식하지 않으면 안 된다. 그것은 또한 앞으로 삶을 살아가는 데 필요한 신념을 결정지어 주는 일이기도 하다. 이 말은 인간이란 어떻게 삶을 형성해야 할 것인가는 과거에 그가 어떻게 삶을 경험했는가에 의존한다는 것을 의미한다.

오르테가는 신념이란 항상 변천한다고 말한다. 그러므로 시대마다 지배적이었던 신념이 있기 마련이고, 그리고 그 신념이 사회적으로 유효한 지배력을 가지고 있는 한 항상 신앙으로서 존립한다. 그러나 신념이 유효한 힘을 상실하고 인간의 행위에 전혀 영향을 미치지 못하는 한 죽은 신앙으로 끝난다. 하나의 신념이 산 신앙에서 죽은 신앙으로 나타날 때에는 항상 새로운 신앙이 대두되기 마련이다. 따라서 신념은 질서 체계를 형성하게 되고, 역사는 이 신념의 목록으로 구성된다.

오르테가는 신념의 목록을 그리스의 엘레아주의(Eleaticismus)에서 헤겔의 정신의 허구에 이르기까지 작성하고 있다. 다시 말해서 종래의 철학에서 신념의 목록에 나타나 있는 근본 실재들은 엘레아학파(die Eleatiker)의 존재(das Seiende)에서 헤겔의 정신(der Geist)에까지 이르고 있다.5) 고대 그리스 시대에 있어 신념이었던 실재는 존재의 개념이고, 중세에서는 神의 계시이고, 근세에서는 자연, 자아

---

5) H.a.S., 181쪽.

및 정신이다. 이러한 실재를 인식하는 능력은 물론 이성이지만, 이 이성은 특별히 표현하자면 자연주의적 이성(die naturalistische Vernunft)이다. 자연주의적 이성으로써 인식하고자 한 실재는 근본적으로 자연(Natur)이라는 개념에 집약적으로 포함되어 있다. 그런데 그리스에서 발달한 각 실재가 상이성을 가진 개념으로 전개되어 온 것 같지만, 실은 자연의 속성을 가진 존재에 불과하다.6)

엘레아학파가 주장한 실재인 바 존재는 헤겔의 정신이라는 실재에까지 줄기차게 전승되어 왔다. 엘레아학파가 내세운 존재는 전통적인 의미에서 본다면 고대 그리스의 초기 자연철학 시대에 최초로 등장한 자연의 개념과 동일하다. 엘레아학파의 존재는 고정성(die Festigkeit), 안정성(die Beständigkeit), 현실성(die Aktualität = schon Sein, was ist)이라는 여러 특성들을 가지고 있다. 이 존재는 불변적 존재(ein unveränderliches Sein), 항상적 동일적 존재(恒常的 同一的, ein Immer-dasselbe-Sein)이다.7) 이러한 인식이 주위 세계의 사물들이란 변화한다는, 즉 운동한다는 사실을 보여 주었기 때문에 그리스의 사상가들은 사물들의 실재성(die Wirklichkeit der Dinge)을 부정하기 시작했다. 그러나 아리스토텔레스는 이와 같은 절대주의를 부정하고 중용적인 해결 방법을 채용하고 있다. 아리스토텔레스는 변화 가운데 변화하지 않는 것, 즉 운동 가운데 운동하지 않는 것을 변화하는 대상 속에서 찾고 있다. 그는 이것을 사물의 자연이라고 일컫고 있다. 아리스토텔레스에 있어서 자연은 여러

---

6) H.a.S., 197쪽.
7) G.a.S, 358쪽 / H.a.S, 192쪽.

변화들에서의 불변적인 원리(das unveränderliche Prinzip der Variationen)이다.

아리스토텔레스 이후 엘레아적 존재는 이러한 양태로 유지되고 있고, 결과적으로 사물 그것이 하나의 실재로서 수용되고 있다. 존재와 자연은 동일한 개념으로서 근세에까지 지속되고 있다.

데카르트(Descartes)에 의하면 자아와 자연은 전혀 다른 존재이다. 자아는 사유하는 존재이고 자연은 연장(延長, die Ausdehnung)을 가지는 존재이다. 사유하는 존재는 연장을 가지지 않으며 연장을 가지는 존재는 사유하지 못한다. 그러나 스피노자(Spinoza)는 이 주장을 받아들이지 않고 있다. 스피노자는 하나이면서 동일한 존재로서 자연, 즉 神이야말로 사유하면서 연장을 가지고 있다고 주장한다.

오르테가는 사유함으로써 성립하는 존재와 연장을 가지는 데서 성립하는 사물은 엄밀한 의미에서 존재 그 자체에 있어서는 차이가 없다고 말하고 있다.

전통적인 존재론에서는 존재와 자연은 동일한 의미로 이해되고 있다. 존재와 자연은 다 같이 정태적이고 고정적인 본질을 가진 개념이다. 데카르트에 있어 사유하는 존재는 불변적 본질적이며 항상 동일적 개념이다. 이 사유하는 존재에 연장을 가진 실체로서의 사물이 의존하고 있다. 이 사유하는 존재 역시 고정성, 현실성, 정태성을 가진 존재 이외에 아무것도 아니다.

사유하는 자아나 연장을 가진 사물은 결국 데카르트에게는 자연을 가진 존재로서 이해되고 있다. 그러므로 데카르트는 본질인 바 자연을 인식할 수 있는 능력으로서의 이성을 존재이해의 최고 능력으로 간주한다. 이 이성은 자아나 세계 내의 모든 사물의 자연을 근본적으로 인간 자신에게 투명하게 인식시켜준다. 자아와 세계, 즉 사물이란 이성의 조직적인 기구를 가지고 있다. 그러므로 데카르트에 있어 이성은 종래까지 인식 불가능했던 어떤 존재도 인식가능한 것으로 환원시킨다.

데카르트에 있어 이성은 그 본래의 고유한 사유형식을 가지고 있어서 어떤 대상도 이 사유 형식의 투입으로 말미암아 분명히 인식된다. 객관적 존재도 바로 이 사유 형식의 투입에 의해서만 존재의 기능을 가진다.

데카르트는 인간 존재이거나 사물이거나 간에 존재란 이성적 형식을 그 본질적 자연으로 가지고 있다고 주장한다. 그러므로 데카르트에 있어 철학적 사유는 이성으로써 자연을 탐구하는 데 있다. 인간 존재 역시 자연을 가지고 있기 때문에 이성적 사유에 의하여 명석판명(klar und deutlich)하게 인식되며, 사물 역시 마찬가지로 그렇게 인식된다.

오르테가는 데카르트 이래 이성의 자연 탐구는 크게 성과를 거두어 왔으며, 그 결과 물리학의 제국주의적 승리(der imperiale Triumph der Physik)를 초래하게 되었다고 말하고 있다.[8] 그는 자연의 탐구에서 크게 승리한 이성을 물리학적 이성(die physikalische Vernunft)[9]이라고 일컫고 있다. 이 물리학적 이성에 의한 자연의 조작(操作)은 현실적으로 사회적 개혁을 야기시켰고, 궁극적으로는 기계 및 기술 문명을 창출 가능하게 했다. 물리학적 이성이 비록 자연의 정복에서 승리를 했고 그리고 그 실현의 능력이, 즉 물리학적 성취의 능력이 단순한 공상의 능력을 능가했다고 하더라도

---

8) Was ist Philosophie, 341쪽 / What ist Philosophy, 45쪽.
  * 이하 W.i.P라고 약기함
9) G.a.S, 349쪽 / H.a.S, 179쪽.

인간적 삶의 기묘한 실재 앞에서는 완전히 좌절하고 있다. 그 이유에 대해서 오르테가는 다음과 같이 말하고 있다.

> 인간은 사물이 아니라는 것, 즉 인간적 자연에 대해서 이야기하는 것은 거짓이라는 것이다. 다시 말해서 인간은 자연을 가지고 있지 않다는 것 등이다. … 인간적 삶은 사물이 아니며 자연을 가지고 있는 것도 아니다. 우리는 물질의 현상을 해명하는 것과는 근본적으로 다른 여러 범주들과 여러 개념들에 의하여 삶을 사고하기로 결심하지 않으면 안 된다.10)

인간적 삶의 문제에 대한 물리학적 이성의 실패는 정신과학이 대두하게 된 지평을 마련해 주었다. 이 정신과학은 자연과학에 대항하여 정신을 근본적인 실재로 삼고 있다. 그러나 이 정신과학은 여태까지 자연과학이 한 것과 동일한 일을 하고자 한 변장적 기도를 대표한 것에 불과하다.11) 헤겔에 의하여 대표되는 이 정신과학은 자연 가운데서 일정한 특성, 즉 공간성, 힘, 이러한 것들의 감각적 표시 등만을 보았다. 자연의 이러한 속성들 대신에 그것들과 반대되는 속성들, 즉 사유, 의식, 통각 등을 근본적인 속성으로 가지는 정신을 이 정신과학은 그의 실재로 삼았다.

이 정신은 근본적으로 전통적인 존재론에서 말하는 존재, 즉 엘레아적 존재 개념의 변형에 불과하다. 정신과학에 의한 정신과 자연 간의 구별은 데카르트가 사유하는 자아와 연장을 가지는 사물 간의 차이를 규정지었을 때 범한 오류와 동일

---

10) G.a.S, 354쪽 / H.a.S, 185-186쪽.
11) 같은 책, 355쪽 / 같은 책, 187쪽.

한 오류를 범하고 있다.12) 오르테가는 그렇게 비판하고 있다.

오르테가는 존재란 전통적인 존재론의 입장에서 볼 때 고정적, 정태적, 불변적, 확정적 개념으로서 이미 성존(成存, Konsistenz)을 가진 동일적 기재(同一的 旣在, a being already)라고 말하고 있다. 자연 역시 앞에서 언급한 바와 같이 고정성 및 정태성을 가진 성존이다. 오르테가는 이러한 견해를 다음과 같이 밝히고 있다.

> 자연은 많은 자그마한 사물들로 구성되어 있는 하나의 큰 사물이다. 사물들 간의 차이가 무엇이든지 간에 그 모든 사물들은 하나의 근본적인 공통 성격을 가지고 있다. 이 공통 성격이란 단순히 사물들이 존재하고 있다는 사실, 즉 사물들이란 그것들의 존재를 가지고 있다는 사실에서 성립한다. 이것은 사물들이 존재하고 있다는 것을 의미할 뿐만 아니라, 사물들이 주어진 고정적인 구조 또는 성존을 가지고 있다는 것을 의미한다. ……우리가 사물들의 존재에 대하여 말할 때 보통 이해하는 것은 단 한 번만으로 주어져 있고 고정된 이 성존을 가리킨다. 이 성존을 다른 말로 표현한 것이 자연이라는 말이다.13)

이러한 근거에서 본다면 존재와 자연은 동일한 의미를 가진 개념이다. 그러므로 고대 그리스에서는 존재와 자연은 이미 말한 바와 같이 동일한 의미로 이해되고 사용되었다. 특히 데카르트 이래 자연은 이성의 사유 형식을 가진 존재로 이해

---

12) 같은 책, 356쪽 / 같은 책, 190쪽.
13) 같은 책 353쪽 / 같은 책 184쪽.

되었다. 다시 말해서 자연은 타동사적 조작, 즉 외과수술적 개입(Eine aktive Operation. ein chirurgischer Eingriff)의 형식으로 사유되었다.14) 전통적인 관념론에 있어 자연에 대한 사유란 바로 자연에다 사유형식을 투입하는 것이였다. 그러므로 자연은 인간의 사유의 산물, 즉 지성의 조작에 불과하다. 요컨대 자연주의 및 전통적인 존재론은 존재의 철저한 지성화(die Intellektualisierung des Seins)이며, 그것은 그 근저에 있어 지성주의(die Inellektualismus)의, 즉 실재에로 향한 개념 특유의 존재양식의 투입(Projektion der den Begriffen eigenenden Seinsart auf das Wirkliche)이다.

사유를 그 본질로 가지는 정신은 결국 전통적인 존재론에서 말하는 존재이고 자연주의에서 말하는 자연으로서 규정된다. 따라서 정신과학은 자연과학에 대항하여 나타난 단순한 변장적(変裝的) 자연주의(ein verkappter Naturalismus)에 불과하다.

오르테가는 정신과학이 실재로서 상정한 정신은 정태적 성존(eine statische Konsistenz)을 가진 동일적 확정적 존재라고 단정하고 있다.

자기의 존재가 동일적 존재에서 성립하는 바 그러한 존재자는 분명히 이미 최초에 그 존재자가 존재하기 위해서 필요로 하는 일체를 함유하고 있다. 이 이유 때문에 동일적 존재는 자존적 존재이고 실체이고 자기 자신에 대하여 충족하게 생각하는 존재, 즉 충족적 존재이다. 오르테가는 이러한 존재를 사물, 즉 자연이라고 규정하고 있고, 정신이라는 것도 하

---

14) 같은 책, 360쪽 / 같은 책, 194-195쪽.

나의 사물 이외 아무것도 아니라고 단정하고 있다. 정신이라는 자연 이외의 여러 사물들은 공간성(die Räumlichkeit), 힘(die Kraft), 질료성(die Stofflichkeit)에 불과하다. 그는 이러한 사물, 즉 자연을 실재로서 설정하고, 나아가서 모든 대상에 사유 형식을 투입하는 사물은 지성(der Intellekt)이라고 규정한다. 지성이란 곧 원물(原物, das Proto-Ding)이다. 이 지성이 모든 대상을 동일화(identifizieren), 즉 물화(物化, verdinglichen)시킨다.15)

전통적인 존재론과 자연과학 및 정신과학이 지성화시킨 실재를 비지성화시키는 것이 현대철학의 과제이다. 종래의 철학이 전통적으로 자연을 실재로 상정하여 탐구해 왔다는 것은 엄청난 오류다. 오늘날 자연의 관념을 극복하려는 경향, 즉 그것을 초월해야 할 필요성은 이 관념이 진정한 실재로서의 정당성을 가질 수 없다는 사실에서 나온다. 자연이란 인간의 삶을 영위하는 가운데 자기의 주위에서 발견하는 것에 대하여 부여한 일시적인 해석이다.

오르테가는 다른 모든 것을 포함하고 있으면서 그 모든 것을 실현하는 근본적인 실재란 삶이라고 주장하고 있다. 그는 다음과 같은 말을 통해서 삶이라는 근본적인 실재가 현대철학의 과제로서 이루어져야 한다고 시사하고 있다.

> 우리는 마치 삶의 모든 원초적 나체 속을 들여다 보는 것과 꼭 마찬가지로 삶을 기술하는 것만을 목적으로 하고 전통적인 존재론으로부터는 그 어떤 지령도 받아들이지 않는

---

15) 같은 책, 362쪽 / 같은 책, 198쪽.

여러 개념들에 의해서 그 삶을 절실하게 사유할 필요가 있다.16)

2. 실재론과 관념론의 실재관에 대한 비판적 반성

오르테가는 이천년 동안 철학이 제시해온 실재 및 존재의 상정을 크게 구분해서 실재론과 관념론이라고 말하고 있다.

실재론은 주어진 존재의 직접성에 대한 확인에서 실재를 상정하고, 관념론은 존재 및 실재의 구성에서 실재를 상정한다. 이러한 실재의 설정은 단순히 일면적인 가설에 입각해서 시도한 것에 불과하다.

오르테가에 의하면 실재는 연대기적(年代記的)으로 말해서 철학사에서 첫 자리를 차지하는 제1명제이다.17) 이 실재론에 있어 실재 또는 존재는 이른바 세계라고 일컫는 사물의 총체로 구성되어 있다.18)

실재론에서 사물들은 내가 사물들을 추구하기 전에도 이미 여기에 존재하고 있는 그런 존재자이다. 사물들이란 내가 만나는 그 무엇이며 나로부터 독립해서 그 자신에 의해 거기에 존재하는 그 무엇이다. 예컨대 나의 면전에 있는 벽의 존재를 두고 이야기 할 때 이 벽의 존재는 첫째 그 자신에 의해 거기에 존재해 있고, 둘째 거기에 존재하는 바의 존재, 즉 그것이

---

16) 같은 책, 363쪽 / 같은 책, 199쪽.
17) Ortega, Some lessons in metaphysics, 127쪽. * 이하 S.L.M 이라고 약기함
18) 오르테가에 있어서 실재(Realität)와 존재(Sein)은 동일한 의미로 사용되고 있다.

이미 거기에 존재하는 한 고정되고 안정된 존재, 이미 그것 자신으로 존재하는 바의 그러한 존재이다. 이 벽은 일정한 색으로 구성되어 있다. 즉 이 벽은 고정된 형식으로 존재한다. 사물의 존재는 기재(ein Schon-Sein), 즉 정태적 존재, 그것인 바의 것으로서의 존재이다.19)

그런데 이 벽은 가령 내가 벽으로부터 다른 곳으로 옮겨나 갔다고 하더라도 계속해서 여기에 분명히 존재한다. 왜냐하면 나는 그 벽이 나로부터 독립해서 여기에 존재하고 있다고 생각하기 때문이다. 그러나 실재론의 이러한 입장에는 분명히 다음과 같은 오류가 있다고 오르테가는 주장하고 있다.

> 만일 내가, 나 자신이 이 벽을 떠나있음을 발견한다면 나는 이미 이 벽이 여기에 있음을 확인할 수 없다는 것은 명백할 것이다. 내가 나의 눈을 감으면 저 벽은 사라져버린다. 벽은 존재하기를 포기한다. 그러므로 벽이 그 자신에 의해서 여기에 존재한다는 나의 주장은 그렇게 확고하지 못하다. 나는 사물들이 여기에 존재한다는 사실에 스스로 개입하고 있다. 사물들은 내가 그 사물들을 보고 만지고 생각하는 한 여기에 존재한다. 그때만이 사물들이 여기에 존재한다는 사실은 확실하게 되고 의심의 여지가 없게 된다.20)

실재론이 주장하는 바와 같이 내가 벽을 떠나 있을 때 이 벽이 여기에 계속해서 존재하리라는 것은 가능한 일이지만, 그러나 그것은 개연적일 뿐이다. 어떤 명제이든 그것이 근본적인 방위결정(die Orientierung)의 명제가 되고, 그리고

---

19) 같은 책, 128쪽.
20) 같은 책, 129쪽.

다른 명제에 대해서 결정적인 명제가 되기 위해서는 단순히 개연성만으로서는 절대적 동의를 얻기에는 불충분하다.

　실재론에서는 내가 다만 세계 내에서 사물을 보고 있고, 만지고 있고, 그것이 거기에 존재한다고 사유하고 있을 때만이 의심의 여지가 없게 된다. 그러므로 사물의 실재의 확실성은 나의 실재에 의존한다. 사물의 실재를 사유하는 주관의 실재는 의심할 나위 없이 사물의 실재를 보증한다. 사물은 그 자신에 의하여 실재적이라기보다도 오히려 나에게 있어서 그리고 나를 통해서 실재적이다. 사물은 나의 사고가 사물을 실재적인 것으로서 정립하는 한, 즉 사물을 실재적인 것으로서 사유하는 한 실재적이다. 그러나 이것은 근본적인 실재가 사물에 속하는 것이 아니고, 나의 것임을 드러낸다. 따라서 사물의 실재가 최초에 사유하는 주관의 실재에 의하여 보증될 때만이 확실하다면, 그것은 근본적인 실재일 수 없다.[21] 실재론이 고집하고 있는 바와 같이 만일 사물들만이 현존한다면 우리는 어떤 것에 대해서도 확인할 수 없다. 이 경우 사물들의 현존은 확인되지 않으며 사물들이 나에 의하여 사유되는 한에 있어서만 나는 사물들이 현존한다는 사실을 확인한다. 따라서 사물들의 실재는 사고의 실재와 뒤얽혀 있다. 오르테가는 실재론의 명제가 안고 있는 문제를 다음과 같이 요약하고 있다.

　　실재론의 명제는 사물들이란 실재하는 바의 것이지만, 그러나 우선 이 실재하는 것이란 나의 사유이고 내가 사물들의 유일한 실재를 사유하고 있는 동안 나는 사실 다른 실

---

21) 같은 책, 137쪽.

재를, 즉 내가 그것을 사유하는 바 사고의 실재를 첨가하고 있다는 사실을 말하고 있다.22)

사물의 실재를 긍정하는 실재론의 명제는 사고의 실재를 긍정하는 명제를 전제한다. 실재론의 문제점은 이와 같이 관념론의 출현을 불가피하게 만들고 있다. 그렇다면 관념론이 안고 있는 실재의 상정상의 문제점이 있다면 그것은 무엇인가?

관념론에 있어 유일한 실재는 주관 자신이고 사고이다. 관념론에서는 사고 이외에 아무것도 존재하지 않는다. 그러므로 우리가 의존할 수 있는 것이라고는 주관 이외에 아무것도 없다. 다른 말로 표현하면 사물들은 존재하지 않고, 다만 사물들에 대한 의식 또는 사고만이 존재할 뿐이다. 오르테가는 관념론의 이러한 입장을 다음과 같이 밝히고 있다.

> 그 무엇에 대하여 주의하고 있거나 또는 그 무엇에 대하여 의식하고 있다는 것, 즉 사유하고 있는 것, 그 이외 아무것도 존재하지 않는다. 왜냐하면 우리가 관찰하는 무엇, 즉 우리가 의식하거나 또는 사유하는 그 무엇은 진실로 거기에 존재하는 것이 아니고, 오히려 사고 내의 그 무엇이 존재하기 때문이다.23)

관념론에 있어서 사고 또는 의식만이 존재한다고 말하는 것은 사물들이 존재하지 않는다고 말하는 것과 동일하다. 따라서 그 점에 있어 사물들이 지금 존재한다는 것은 사물들에

---

22) 같은 책, 138쪽.
23) 같은 책, 143쪽.

대한 사고가 존재한다는 것을 의미한다. 우리는 사고를 통해서 사물을 구성하며 그 사물의 총체인 세계를 구축한다. 우리에게 있어서 산다는 것은 관념론에 의하면 우리가 사물들의 통일적인 질서로서의 세계를 건설하는 것을 뜻한다. 다시 말해서 그것은 우리의 사고에 따라서 세계를 창조하는 것을 의미한다. 왜냐하면 사고하는 주관 이외 아무것도 존재하지 않기 때문이다.

그러나 실재론에 있어서 우리가 산다는 것은 세계에 순응하는 것을 뜻한다. 그러므로 실재론은 하나의 순응이다.[24] 관념론에 있어서 나의 면전에 존재하는 것은 실재가 아니기 때문에 "거기에 존재하는 것(what is there)"에 순응하는 것은 충분하지 못하다. 오르테가는 관념론의 이러한 경향성에 관하여 다음과 같이 말하고 있다.

> "거기에 존재하는 것"을 - 가정되는 사물들을 - 우리 단독으로 구성하는 것이 필요하며, 그 때문에 사물들은 진정한 실재인 바 우리의 관념들에 순응한다. 이것이 곧 반순응론의 정신, 즉 혁명적인 정신이다. 관념론은 본질적으로 혁명적이다.[25]

세계는 실재가 되지 못하고 세계를 구성하는 주관, 즉 사고만이 실재의 특성을 가진다고 주장하는 관념론은 데카르트 이래 오늘날까지 지배정신으로 군림해온 명제이다. 그렇다면 관념론이 안고 있는 오류란 무엇인가?

---

24) 같은 책, 137쪽.
25) 같은 책, 137쪽.

관념론이 유일한 실재로서 내세우고 있는 사고는 보는 것, 듣는 것, 상상하는 것, 개념을 보유하는 것 등이다. 이 모든 것은 사고가 가지는 형식들이다. 사고의 이러한 형식들이 공통적으로 가지는 것은 주관이 대상을 고려하는 것, 그 주관이 그 무엇을 의식하는 것, 또는 그 주관에 대해서 여기에 그 무엇이 존재한다는 것 등이다. 그런데 사물들의 속성들이란 사물들을 고려하고 있는 주관과는 같지 않다. 예컨대 벽은 희고 넓으며 길이가 5미터이다. 그러나 나의 의식, 즉 저 벽에 대한 나의 사고는 그것이 흰 것도 아니고 넓은 것도 아니다. 벽에 대한 나의 사고, 즉 내가 벽을 보고 있고, 의식하고 있고, 사고하고 있는 것은 그 벽이 가지고 있는 흰 것이라든가 길이라곤 전혀 가지고 있지 않다. 벽이라는 실재가 사고로 전변될 수 있도록 하기 위하여 벽이라는 실재는 벽이기를 포기하지 않으면 안 된다. 내가 벽을 나 스스로 보는 한 벽은 내 앞에다만 희고 5미터의 길이를 가진 하나의 벽으로서만 현존한다. 이 순간에 벽이 존재한다는 것을 잘 표현하는 공식은 다음과 같은 실재론의 진술일 것이다.

나로부터 독립한 사물이 존재하며 그것이 저 벽이다.

이 진술은 일단 정확한 표현이다. 왜냐하면 내가 벽을 보고 있는 한 나에게 있어서 벽에 대한 사고란 없기 때문이다. 다시 말해서 "나의 벽을 보고 있음"이라는 명칭을 붙인 사고란 없기 때문이다. 벽을 사고하고 있음은 내가 그 벽을 포기할 때만, 즉 벽을 보기를 중지할 때만 그리고 내가 이전 순간에 벽에 대한 생각을 했었다는 사실을 고려할 때만 나에게 나타난다.

단지 이 순간에 있어서만 나는 사고가 존재한다는 사실을 말할 권리를 가진다. 그러나 다른 한편으로 "거기에 존재하는 것"은 벽에 대한 의식 또는 사고이다는 사실을 지금 내가 주목할 때 이미 벽은 존재하지 않는다.

가령 우리가 저기에 갑자기 황소가 돌진해오고 있는 환각에 사로잡혀 있다고 상상할 경우, 우리가 이러한 환각에 빠져 있는 동안 우주내에는 무엇이 존재할까? 의심할 나위없이 거기에는 황소가 존재하고 있고, 우리는 이 황소를 무서워하고 있는 것이다. 그러나 우리는 어떤 이유에서이건 이 모든 것이 환각이었음을 나중에 생각하게 된다. 이 경우에 우리는 황소를 보고 있었던 이전의 순간으로부터 벗어나게 된다. 우리는 이제 제2의 순간에 처해 있고, 따라서 우리는 이전에 일어났던 것이 환각이었음을 본다. 우리가 이러한 제2의 생각에 관여하고 있는 동안 우주 내 거기에는 무엇이 존재하는가? 우주 내 거기에는 우리가, 즉 주관이 존재하며 이전의 환각적인 사고가 존재한다. 그렇다면 환각이 진행 중에 있는 동안 환각은 나에 대해서 현존하지 않는다.

내가 나의 환각에 빠져 있었을 때 여기 우주내에는 절대적으로 황소가 존재했다. 지금은 성난 황소에 관한 사고 이외에 아무것도 존재하지 않는다. 황소에 관한 사고는 뿔있는 동물이 아니다. 지금 나의 면전에는 다만 그가 황소를 보고 있었다고 생각한 어떤 사람, 즉 나의 이전의 자아만이 존재한다. 그러므로 대상사고(Objekt-Denken)와 저 현행중(現行中)의 사고(Thought -in- action)가 동일하다는 것은 불가능하다. 이 양자는 전적으로 구별된다. 오르테가의 다음과 같은 말은 이러한 논의를 잘 요약해주고 있다.

사고가 사고되고 있는 동안 사고와 같은 사물은 존재하지 않는다. 사고가 일어나고 있는 동안 사고는 자신에 대한 대상이 아니다. 사고는 사고 그 자신에 대해서 존재하지 않는다. … 사고가 존재하도록 하기 위하여 사고가 이미 일어났다는 것과 내가 사고를 사고 자체의 외부로부터 묵상하는 것, 즉 사고를 대상으로 만드는 것이 필요하다. 그 경우 나는 이전에 나에 대해서 확신이었던 바 그 사고의 현존의 타당성을 인정하기를 거부할 수 있으며, 그 대신 그 사고란 환각이었다고 말할 수 있다. 일반적으로 말한다면 사고에 있어 사고된 것은 사고에 내재적인 것이었으며 유효한 실재가 아니었다.[26]

사고만이 존재할 때 사고되고 있는 것에 대한 유효한 사고는 존재하지 않는다. 위에서 기술한 실례에서 본 바와 같이 나의 이 벽을 사고하고 있음만이 존재할 때 벽은 존재하지 않는다. 그러므로 사고란 실행되고 있지 않는 확신이다. 왜냐하면 사고는 활동적이 아니고, 사고 자신의 외부로부터 보여지는 것이기 때문이다. 그러므로 사고는 확신이 이미 확신시키지 못할 때 그 확신이 취하는 객관적인 국면이다. 다만 현재의 확신만이, 즉 활동적인 확신만이, 아직 나에 대해서 현존하지 않는 확신만이 실행 중에 있다. 그러므로 그것은 사고가 아니고, 하나의 절대적인 입장이다. 사고만이 유일한 실재라는 관념론의 주장은 하나의 착오된 주장이다.

---

[26] 같은 책, 145쪽.

3. 「나와 사물과의 공재(共在)」로서 삶이라는 새로운 근본실재

오르테가는 실재론은 가설을 세워놓고 실재 문제를 논의하고 있다고 주장한다. 이 가설이란 앞에서 본 바와 같이 "거기에 그것 자신에 의하여 존재하는 사물들"에 대한 단정이다. 다시 말해서 실재론의 가설이란 내가 보고 있고, 그러므로 나의 면전에 현존하며 그리고 나의 면전에 현전하는 벽은 그것이 나의 면전에 존재하지 않을 때에도 거기에 존재할 것이라는 점이다. 이것은 명증적이면서 분명히 가설적인 부언이다. 벽이 나의 면전, 여기에 존재하는 동안 벽이 현존하는 것은 의심할 여지가 없고 명증적이다. 그러나 벽이 나의 면전에 존재하지 않을 때 벽이 계속해서 현존한다는 것은 의심할 여지가 없는 것이 아니다. 그러므로 분명히 "거기에 존재하는 것"은 나의 면전의 벽이다. 따라서 나와 벽, 즉 일방과 타방은 똑같이 실재적이다. 오르테가는 이러한 견해를 다음과 같이 피력하고 있다.

> 지금 나는 벽을 보고 있는 자이고 벽은 나에 의하여 보여진다. 따라서 내가 지금 나인 바 "나"이기 위해서, 마치 벽이 벽인 바의 것이기 위해서 나를 필요로 하는 것과 마찬가지로, 벽을 필요로 한다. 실재는 실재론이 원했던 것과 같이 그것 단독으로 그것 자신에 의해 존재하는 벽의 현존이 아니다. 그러나 또한 실재는 나의 사고로서 나의 내면 가운

데 있는 벽의 현존, 나만의 독립적인 현존이 아니다. 실재
는 나와 사물과의 공재(共在, my coexistence with the
thing)이다.27)

오르테가의 이러한 입장은 벽이 그 자신에 의하여 현존할
수 있다는 사실을 전적으로 부정하고 있는 것이 아니다. 이
입장은 벽과 나와의 공재 이외에 이러한 극단적인 현존이 의
심스럽고 문제적이라고 선언하는 것에 국한되어 있다. 그러나
관념론은 벽이 단지 나의 사고들 가운데 하나에 불과하다는
것, 즉 벽은 단지 내 가운데 존재할 뿐이라는 것, 나만이 현
존한다는 것을 단정한다. 이것은 가설적인 부언, 즉 독단적이
면서 문제적인 부언이다. 관념론에 있어서 사고 또는 의식이
란 관념은 하나의 가설이지 "거기에 여실히 존재하는 것"에
의지하고 있는, 잘 만들어진 개념은 아니다. 따라서 오르테가
는 다음과 같은 결론을 내린다.

사유하는 내가 실재한다면 내가 사유하고 있는 바 사물
역시 존재한다. 그러므로 근본적인 진리는 나 자신과 사물
의 공재이다.28)

내가 벽을 보고 있을 때 나는 나이다라는 절대적인 실재가
거기에 있으며 그리고 벽이 나를 향해서 존재한다라는 실재
가 거기에 있다. 오르테가는 이러한 견해를 다음과 같이 밝히
고 있다.

---

27) 같은 책, 147쪽.
28) W.i.P, 478쪽 / What is Philosophy?, 208쪽.

내가 벽을 보고 있을 때 그리고 내가 벽을 보고 있는 동
안 정확하게 말해서 나 자신이 거기에 존재하는 것과 동일
한 의미에서 - 단지 그러한 의미에서만 - 나의 면전에 그리고
나를 향해서 벽이 존재한다.29)

　벽을 본다는 것은 엄밀히 말해서 내가 현존하는 것과 마찬
가지로 나의 면전에 현존하는 벽과 더불어 현존하는 절대적
인 사실을 의미한다. 벽을 본다는 것은 벽과 나 자신의 공재
를 의미하지만, 그러나 나는 절대적으로 현존하는데 반해서
벽은 유효한 현존이라는 의미에서라기보다도 단지 현전에 불
과하다는 의미에서 나를 향해서 상대적으로만 현존한다는 것
을 의미하지는 않는다. 왜 나는 절대적으로 현존하는가? 나
는 나 자신에 의하여 현존하기 때문이다. 이와 동일한 일이
벽에 있어서도 일어난다. 벽은 나를 향해서 현존한다. 그러므
로 벽은 절대적으로 현존한다. 이것은 적어도 내가 나 자신을
발견하는 것과 마찬가지로 명백하다. 구체적으로 말해서 나는
나 자신을 오직 나 자신만으로서 결코 발견하지 못하고, 오히
려 나는 항상 내가 나의 면전에 나 자신이 아닌 그 무엇과 더
불어 존재한다는 사실을 확실한 것으로 발견한다. 내가 나 자
신을 발견할 때 나는 항상 자아가 저 자아를 향하고 있는 그
무엇, 즉 자아에 대립하고 있는 그 무엇과, 사물들과 공재하
고 있다는 사실을 발견한다.

---

29) S.L.M, 152쪽.

사물은 나의 바로 다음에 존재하고 나의 편에서 볼 때 나는 사물 다음에 존재할 뿐만 아니라, 나 때문에 존재를 계속하는 바의 것이며 나에 대하여 맞서 있다.30)

사물이 그 자신만으로서 나로부터 독립해서 현존하지 않는다는 것은 확실하다. 그럼에도 불구하고 실재론은 끊임없이 그 반대의 입장을 고수하는 오류를 범해 왔다고 오르테가는 주장한다. 따라서 나는 나 자신만으로서 그리고 나 자신의 내부에 현존하지 않는다. 나의 현존은 나 아닌 것과의 공재이다. 오르테가는 이 공재 문제에 대하여 다음과 같이 말하고 있다.

사물이란 나의 것, 즉 내가 사유하는 바의 것이고 사물이 존재한다고 느끼는 바의 것이라는 그러한 관계의 형식일 뿐만 아니라, 그 반대의 의존관계, 즉 나 역시 사물에 의존하고 있다고 하는 그러한 형식이다. 사물과 나간의 관계는 상호의존, 즉 상관관계, 요컨대 공재이다.31)

오르테가에 있어서 유일한 실재는 사물 자체만의 독립적인 현존도 아니고, 사고만의 현존도 아니고, 오히려 사물과 나간의 상호의존 및 공재이다. 이러한 상호의존 및 공재가 다른 말로 표현하자면 곧 삶이다. 따라서 삶은 나 자신만의 현존으로서는 구성될 수 없고 또한 사물만의 현존으로서도 존재될 수 없다. 삶은 나와 사물들을 절대적인 구성 요소로서 공속시

---

30) W.i.P. 479쪽 / What is philosophy?, 210쪽.
31) 같은 책, 478쪽 / 같은 책, 208쪽.

키고 있으며, 그러므로 삶은 유일하고 절대적인 근본실재의 성격을 가진다.32)

삶을 구성하는 "나"라는 자아존재는 반드시 사물들과의 상호의존 또는 상관관계에서 비로소 존재 의미를 가진다. 오르테가는 이 점에 대해서 다음과 같이 말하고 있다.

> 나는 사물을 보고, 사물에 대하여 사유하고, 사물과 접촉하고, 사물을 사랑하거나 증오하고, 사물을 자극하고, 변형하는 따위의 일들을 행한다. … 나는 사물들이 나를 부정하고 파괴해버릴만큼 사물들이 스며들어 있는 바의 것이다. … 대지는 인간이 피곤할 때는 인간을 누울 수 있도록 해주며 도망해야 할 때 뛸 수 있도록 해줌으로써 인간을 지원해준다.33)

나라는 자아존재는 사물의 통일적 질서로서의 세계 또는 환경과의 상관적인 관계를 가지면서, 즉 상호의속의 관계를 가지면서 존재한다. 다시 말해서 나는 항상 나 자신의 외부, 즉 나의 세계 또는 나의 환경 가운데 존재한다. 이와는 대조적으로 관념론에서 사고는 외부가 없는 실재로서, 즉 순수내재로서, 내재적 현존으로서 존재한다.

다른 한편으로 실재는 내재없는, 즉 나와의 어떤 관계나 또는 나에 대한 어떤 근본적인 의존도 없는 순수외부이다.34)

---

32) 같은 책 같은 쪽 / 같은 책, 209쪽.
 G.a.S, 340쪽 / H.a.S, 165쪽.
33) Ortega : Betrachtungen über die Technik, 28쪽.
 * 이하 die Technik이라고 약기함
34) S.L.M, 158쪽.

오르테가에 있어서 삶으로서의 절대적인 실재는 내재적이면서 동시에 초월적이다.35) 이러한 절대적인 실재만이 나를 위해서 현존하는 나의 삶의 부분을 형성한다. 그런 의미에서 그것은 내재적이다. 그러나 저 내재는 그것이 주관으로, 즉 나 자신으로 전변되는 것을 의미하지 않는다. 나는 나의 삶이 아니다. 실재인 바 삶은 나 자신과 사물들로 구성된다. 사물들은 내가 아니고 나는 사물들이 아니다. 그러나 삶인 바 저 절대적인 공재에 있어서 나의 사물들은 모두 내재적이다. 오르테가가 내세운 이른바 나와 사물들의 공재라는 새로운 명제는 엄밀히 말해서 내재인 관념론의 진리와 초월인 실재론의 진리를 극복하고, 지양하고, 그것을 발전한 형태로 보유하고 있다.36)

나의 면전의 이 벽은 그 벽이 존재한다는 사실을 모든 명증성이 나타내는 바 그러한 벽으로 존재한다. 그러나 벽은 그 자체만으로 존재하는 것이 아니고, 근본적인 실재를 구성하는 하나의 요소로서 존재한다. 이 근본적인 실재의 다른 하나의 구성요소는 "나"라는 자아존재이다. 나의 초월적인 벽은 나의 삶에 있어서 내재적이다. 그러므로 나의 삶은 벽에 속하지 않는 것과 마찬가지로 나에게도 속하지 않는다. 이 점에 있어서 나의 삶은 사고라고 일컬어진 가정적인 실재와는 다르다. 사고는 나의 것, 즉 나이지만, 나의 삶은 나의 것이 아니다. 나는 나의 삶에 속한다. 삶은 나와 사물들의 공재로서 포괄적이고 근본적인 실재다.

---

35) 여기서 말하는 "초월적"이란 주관, 즉 자아가 아닌 것, 비아(非我, the-not-I)를 일컬어서 한 말이다.
36) S.L.M, 81쪽.

Ⅱ. 삶의 역사성

1. 삶의 현존적 속성

오르테가는 삶의 존재론적인 구조를 분석하면서 삶이 근본적으로 가지고 있는 속성을 삶의 현존적 양태로 간주하고 있다. 오르테가가 삶의 속성을 삶의 현존적인 측면에서 기술하고 있는 몇가지 항목은 다음과 같다.37)

 1) 인간의 삶은 독자적 원초적 의미에 있어 각인의 삶이다. 그러므로 인간의 삶은 항상 나의 삶, 즉 개인의 삶이다.
 2) 인간의 삶은 일정한 환경 가운데서 항상 그 무엇을 행하고 있는 방법 및 이유를 인식하는 바 없이도 인간이 자기 자신을 발견하는 데서 성립한다. 이것은 삶의 환경성이라고 일컫는 바를 표현해 주고 있고 그리고 인간의 삶이란 환경을 고려하여 영위된다는 사실을 표현하고 있다.

---

37) Ortega, der Mensch und die Leute, 56쪽 ; Ortega, man and people, 58쪽 ; S.L.M, 36-70쪽 / W.i.P, 386-388쪽 / What is philosophy?, 217-219쪽.

3) 환경은 항상 우리에게 행위의 여러 가능성, 즉 존재의 여러 가능성을 제공한다. 이것은 우리로 하여금 그것을 좋아하든 좋아하지 않든 우리의 자유를 행사하도록 강요한다. 이 때문에 삶은 영속적 교차로이고 부단한 당황이다.

4) 삶은 양도불가능한 것이다. 어느 누구도 내가 무엇을 행해야 할 것인가를 결정하는 과제를 나 대신에 해결할 수 없다. 그러므로 나의 삶은 나 자신에 대한 부단하고 불가피한 책임이다. 인간의 삶은 고독이다.

삶의 이러한 속성을 여기서 구체적으로 논의함에 있어 위의 제1항목의 경우 인간의 삶이라고 말할 때 그것은 각인의 삶, 즉 나 자신의 삶을 의미한다. 그 이유는 간단하다. 나는 타자의 삶을 사는 것이 아니고, 나의 삶을 사는 것이기 때문이다. 나의 삶은 근본실재이고 타자의 삶은 추정적이고, 부차적이고, 제2급의 실재이다. 타자의 삶은 나에게 대해 실재이기 위해서는 나의 삶의 한계 내에서 어떤 방식으로든 그것 자신을 현전시키지 않으면 안 된다. 그 때문에 나의 삶은 근본실재이고 타자의 삶은 이의적(二義的) 실재이다. 오르테가는 이러한 관점을 다음과 같이 말하고 있다.

> 근본적 실재로서 인간의 삶은 단지 각인의 삶, 즉 나의 삶에 불과하다. 언표의 편의상 나는 때때로 인간의 삶을 "우리의 삶"이라고 일컫지만, 이 표현을 각인의 삶과 관련지어서 사용하고 있는 것이지, 결코 타자의 삶이나 상상된 복수의 일반적 삶과 관련지우고 있는 것이 아니다. 우리가 타자의 삶이라고 일컫는 것은 나의 삶, 즉 각인의 삶이라는 시

나리오 가운데 나타나는 그 무엇이다. 그러므로 그것은 개인의 삶을 전제한다.38)

나의 삶은 나에게 대해서 의문의 여지가 없고 분명하면서 명증적이지만, 타자의 삶은 그렇지 못하다. 예컨대 어떤 사람이 치통을 앓고 있다면 그의 안면 근육의 수축에 의하여 나타나는 그 국면은 나에게는 명백한 것만은 사실이다. 즉 내가 치통을 앓고 있는 어떤 사람의 광경을 보고 있는 것은 분명하다. 그러나 그의 치통은 나를 아프게 하지는 않는다. 그러므로 그가 치통을 앓고 있는 것은 결코 나의 치아가 아파할 때 내가 괴로워 하는 것과는 전혀 다르다. 그것은 가정된 고통이다. 그 반대로 나의 고통은 의심할 여지가 없다. 적절히 말해서 나는 어떤 사람이 치통을 앓고 있다는 사실을 결코 확인할 수 없다. 그의 고통을 나에게 명백히 인식시켜 주는 그 모든 것은 일정한 외적 신호이며 이 신호는 고통이 아니고, 근육의 수축이고 종잡을 수 없는 응시이고 뺨에 손을 가져가는 동작에 불과하다. 타자의 고통은 근본실재가 아니고, 이미 부차적, 파생적, 그리고 애매한 의미에 있어서의 실재이다. 내가 그의 고통을 근본실재로서 가지는 것은 다만 그 고통의 국면, 외관, 신호에 불과하다.39) 이러한 점에 있어서 타자의 삶은 나에게 대해서는 가정적이지만, 나의 삶은 나에게 대해서 명증적이다.

위의 제2항목의 경우 인간의 삶이란 환경을 의미한다. 이 환경이란 내가 나를 주위 환경 가운데서 발견하거나 인식하

---

38) der Mensch und die Leute, 39쪽 / man and people, 39쪽.
39) 같은 책, 같은 쪽 / 같은 책 39-40쪽.

는 것을 드러낸다. 이러한 인식은 지적인 인식을 의미하는 것도 아니고, 특수한 지식을 의미하는 것도 아니고, 삶이라는 것이 우리들 각인에 대해서 가지고 있는 놀라운 현전성이다. 인간의 삶의 이러한 측면에 비해서 사물의 경우는 전혀 다르다. 예컨대 돌의 경우 돌은 자기 자신이 돌이라고 느끼지 못하고 자기 자신이 돌이라는 사실을 인식하지 못한다. 돌은 자기 자신에 대해서 맹목적이다. 그러나 인간의 삶은 내가 어떠한 존재인가를 인식하지 않고 단순히 존재하는 데 만족하기를 거부한다.

나의 삶은 나 자신과 나의 주위의 세계에 대한 끊임없는 발견이다. 내가 나 자신을 지각할 때 나는 나 자신을 소유한다. 따라서 내가 나 자신을 소유하고 있다는 사실 속에서 나 자신을 발견할 때 이러한 근본적이면서 영속적인 삶의 현전성이 일체의 것으로부터 구별된다는 사실이 인식된다.[40]

자기 자신을 환경 내에서 인식하는 것, 즉 나의 앞에 있는 나의 삶의 현전성은 나에게 삶의 소유를 부여하고 그 삶을 나의 것으로 만든다. 이와 반대로 자기 삶의 현전성의 결여는 엄밀히 말해서 삶이 아니다. 예컨대 광인의 경우가 이것을 잘 입증하여 준다.

> 광인의 삶은 자기 자신의 삶이 아니다. … 광인에 직면할 때 우리는 마치 가면에 직면하고 있는 것처럼 느낀다. … 광인은 자기 자신을 모르며, 자기 자신에게 속해 있지도 않다. 광인은 타자에게 몰수 되었고, 그 몰수란 광기에 대한 옛 문구가 의미하고 있는 바 정신부재, 즉 제 정신이 아닌

---

[40] S.L.M. 38쪽.

것 등을 의미한다. 광인은 자기 자신을 상실하고 있는 것이고, 자기 자신에서 외출해버린 것이고 타자에게 소유되어 있는 것이다. 삶이란 자기 자신을 인식하고 있는 것이다.[41]

이러한 점을 고려할 때 오르테가가 삶의 근본적인 본질을 인간 자신이 자기를 인식하고 이해하는 데 두고 있는 것으로 생각된다. 요컨대 삶이란 세계 내에서 자기 자신을 발견하는 것이고 세계 내의 여러 사물과 여러 존재에 종사하는 것이다. 우리가 종사하는 여러 사물 및 여러 존재가 대상물이거나 또는 인간이거나 간에 여러 사물로 충만해 있는 세계 밖에서 삶이란 존재할 수 없다. 그러므로 인간의 삶은 내가 나 자신 이외에 다른 여러 사물에도 종사함으로써 형성된다. 삶은 나와 환경으로서 이루어진다.

오르테가는 이러한 점에서 나의 삶이란 나 자신(인격 또는 인물)일 뿐만 아니라 나의 세계라고 주장한다.[42]

나와 세계 - 이 상호간에 있어서 어느 것이 선행(先行)하고 어느 것이 후행(後行)하는 것이란 없다. 다시 말해서 이 양자 간에는 어느 것도 먼저 존재하지 않고 다만 동시에 존재할 뿐이다. 한쪽이 다른 한쪽에게 보다 더 가까이 존재하는 것도 아니고, 다른 한쪽이 한쪽에게 보다 더 가까이 존재하는 것도 아니다. 나는 나 자신을 고려하고 그 다음에 나의 주위·세계를 고려하는 것이 아니다. 그러므로 오르테가는 "나는 세계 내의 나 자신과 내가 삶을 영위하는 바 세계를 동시에 고려한다"[43]라고 말하고 있다. 내가 나 자신과 세계를 동시에 고려

---

41) 같은 책, 38-39쪽 / der Mensch und die Leute, 485쪽.
42) W.i.P, 497쪽 / 같은 책, 40쪽.
43) 같은 책, 501쪽 / what is philosophy, 236쪽 / S.L.M, 40쪽.

한다는 것은 나 자신이 세계 내의 그 무엇에 종사하고 있음을 발견하는 것을 의미한다. 삶이란 내가 세계 내의 그 무엇에 종사하고 있는 나 자신을 인식하는 것이다.

위의 제3항목의 경우 나는 환경이 나에게 부여한 행위의, 즉 존재의 여러 가능성 가운데서 그 무엇을 선택하지 않을 수 없다. 따라서 이것이 삶의 특성으로서 드러난다. 이러한 선택이란 이미 예정된 선택이 아니고 주어진 상황 속에서 자기 스스로를 형성하고 자기 스스로 해결하지 않으면 안 되는 하나의 과제이다. 이러한 점에서 삶은 세계 내에 던져진 나의 가능적 과제이다. 기존성(既存性)으로서 실현되는 것이 아니고 결여된 그 무엇으로서 세계 내에 던져진 하나의 조형가능적 존재가 바로 삶이다. 여러 가능성 가운데서의 선택은 예정되어 있지 않은 과제이고 자유 가운데서의 결단이다. 이 자유는 언제나 반드시 어떤 구체적인 여건에 의해서 제한되어 있다는 것을 의미하고 그리고 그러한 제한 속에서만 실현될 수 있는 가능성이다. 오르테가는 이러한 입장을 다음과 같은 함축적인 말로 시사하고 있다.

> 삶을 영위한다는 것은 마치 사람들이 저녁 식사 후에 극장을 선택하는 것과 같이 자신의 취미에 따라서 이미 선택된 장소에 즐겨 입장하는 것이 아니다. 삶을 산다는 것은 변형될 수 없는 세계, 즉 지금의 세계 가운데로 사전 인식 없이 갑자기 떨어져 들어가고 침잠하고 투사됨으로써 자기 자신을 발견한다. 인간의 삶은 현존의 부단한 놀라움으로써 시작한다. … 잠든 채 극장에 옮겨져 왔다가 갑자기 무대와 관객 앞에 나서게 되고 그 순간 잠을 깨게 된 사람이란 조명 장치의 섬광에 충격을 받게 될 것이다. 그가 그곳에서

자기 자신을 발견할 때 그가 자기 자신 이외에 발견하는 것이란 무엇인가? 그가 어떻게 해서 그리고 왜 그곳에 왔는지를 아는 바 없이도 그는 자기 자신이 곤란한 상황에 내던져졌음을 발견한다. 이 곤란한 상황은 그가 추구하지도 예견하지도 대비하지도 않은 공중 앞에 예절 바르게 처신할 것을 요구한다. 근본적으로 삶은 항상 예견되지 않는다. 아무도 그가 무대에, 즉 항상 구체적이고 일정한 무대에 들어가기 전에 그의 출현을 통고하지 않았다. 이 돌발적이고 예견되지 않는 성격이 삶의 본질이다.44)

삶은 나에게 주어지거나 던져진다. 다시 말해서 내가 삶에 던져진다. 삶이란 나 스스로 해결하지 않으면 안 되는 하나의 문제이다. 삶은 곤란한 경우 뿐만 아니라 모든 경우에 있어 내가 부딪히는 문제이다. 나는 근본적으로 이 세계 내에서 이러한 방식으로 삶을 영위하고자 결심하지 않으면 안 된다. 삶은 미리 결정된 것으로서 감지되지는 않는다. 아무리 내가 내일 무엇이 일어날 것인가를 확신할 수 있다고 하더라도 나는 항상 그것을 하나의 가능성으로서 본다.45)

삶이란 내가 그 삶을 다른 사람에게 전가시키는 어떤 기회도 없이 해결하지 않으면 안 되는 크고 작은 문제라는 바로 그 이유 때문에 삶은 결코 해결될 문제가 아니다. 어떤 순간에서이건 나는 나 자신이 다양한 여러 가능성 가운데서 선택할 것을 강요받고 있음을 발견한다.

---

44) W.i.P, 488쪽 / what is philosophy, 220쪽 / S.L.M, 40-44쪽.
45) S.L.M, 42쪽.

위의 제4항목의 경우 삶이란 양도할 수 없는 것이고 개인마다 자기 자신의 삶을 살지 않으면 안 된다는 것은 어느 누구도 자기 삶의 과제를 자기 대신에 떠 맡을 수 없다는 것을 의미한다. 예컨대 한 개인이 아파하고 있는 치통은 그에게 손상을 주지 않으면 안 되며 또 그는 자기의 치통에서 다른 것에 이르기까지의 고통의 부분조차도 양도할 수 없다. 그는 무엇을 행할 것이며 무엇이 되고자 할 것인가를 선택하고 결정하기 위하여 자기 자신 대신에 다른 사람을 대리로 파견할 수 없다. 어떤 사람도 무엇을 느끼고 소망함에 있어 자기를 교체하거나 대리할 수 없다. 우리들 각인(各人)은 세계 내에서 자기 자신을 정립시키고 그리고 행위의 적절한 노선을 발견하기 위하여 사유하지 않으면 안 되는 그 사고를 자기 자신 대신 자기의 이웃 사람으로 하여금 사유케 할 수 없다. 이와 동일한 사실이 나의 결단들, 의욕들, 감정들에 대해서도 진리이기 때문에 엄밀한 의미에서 인간의 삶이란 양도불가능하다. 그러므로 삶은 본질적으로 근본적인 고독이다.46)

2. 삶의 경험의 변증법적 연속

오르테가는 인간이란 하나의 사물인 바 육체도 아니고 혼(魂), 의식, 정신도 아니라고 주장하고 있다.47) 인간은 사물이 아니고 하나의 드라마, 즉 자기 자신의 삶이다. 인간 자신

---

46) der Mensch und die Leute, 46쪽 / man and people, 46쪽
 die Technik, 30쪽 / man the technician, 163쪽.
47) der Mensch und die Leute, 39쪽 / man and people, 39쪽
 G.a.S, 363쪽 / H.a.S, 200쪽.

의 삶이란-물론 인간적 삶이란 나의 삶, 즉 개인적 삶을 의미하며-우리들 각인에게 일어나는 순수하고 총체적인 사건, 즉 우리들 각인이 행하는 바의 것과 존재하는 바의 것의 총체이다. 그러므로 각인은 단지 사건 그 이외 아무것도 아니다.48)

인간 이외 일체의 사물은-인간이 세계 내에서 만나는 것이면 무엇이든지 간에-그것에 대해서 인간 스스로가 부여하는 단순한 해석에 불과하다.49) 인간이 만나는 일체의 사물은 인간이 삶을 영위함에 있어 부딪히는 순수곤란(pure difficulties)과 순수용이(pure facilities)이다.50) 이 곤란(불편)과 용이(편리)는 나와 사물 간의 상관적 관계의 양식이다. 이것을 비추어 볼 때 삶이란 단순히 그 무엇으로부터 나에게 주어지는 것이 아니고, 오히려 내가 적극적으로 형성하는 것이다. 그러므로 오르테가는 다음과 같이 말하고 있다.

> 삶 그 자체는, 즉 현존 그 자체는 인간에게 마치 현존이 돌에게 주어져 있는 것처럼 기성의 것(etwas Fertiges, ready-made)으로서 부여되는 것이 아니다. … 이 삶은 우리에게 공허로서 주어진다.51)

---

48) Oretega, die Aufgabe der Universität, 232쪽 * 이하 Universität라고 약기함.
　------, mission of university 72쪽.
49) die Technik, 27-29쪽 / man the technician 100-113쪽.
50) 같은 책, 27-28쪽 / 같은 책 110-111쪽.
51) G.a.S, 364쪽 / H.a.S, 200쪽.
　der Mensch und die Leute, 43쪽 / man and people, 43쪽.

인간에게 일어나는 일체의 것은 인간이 생존을 중단시키지 않기 위하여 그 무엇을 행하지 않을 수 없는 실현 그 자체이다. 이것은 삶의 존재양식이 기존성이 아님을 반증해주는 것이기도 하다. 그러므로 오르테가는 삶이란 과거분사(Partizip)가 아니고, 현재분사(Gerundium)라고 규정한다. 삶은 이러한 점에서 하나의 과제이다.52) 삶은 우리에게 수많은 과제를 부여한다. 이 말을 뒤바꾸어서 표현하면 이 수많은 과제를 해결하면서 겪는 곤란의 노고에서 성립하는 존재가 바로 삶이다. 그러므로 삶의 존재양식은 곤란한 존재(a being difficult), 즉 문제를 동반한 노고(problematic toil)이다.

삶은 사물이 그 기존성을 가지고 있는 것과 반대로 기존성의 결여의 국면을 드러내는 실재, 즉 부족만을 소유한 실재이다.53) 사실 부족은 근본적으로 충족을 요구하는 경향을 가지고 있다. 그렇다면 부족을 소유한 실재로서 삶은 충족의 경향성을 실현하지 않을 수 없다.

삶은 가능성을 가지고 있다. 나의 삶의 각 순간마다 내 앞에는 여러 가지 가능성이 개방되어 있다. 오르테가는 이러한 다양한 가능성에 관해서 다음과 같이 실례를 들어 설명하고 있다.

> 나는 이것을 할 수도 있고 저것을 할 수도 있다. 만일 내가 이것을 한다면 나는 잠시 후에 A가 될 것이다. 내가 저것을 한다면 나는 B가 될 것이다 .지금 이 순간에 독자는 나의 논문을 읽는 것을 중단할 수도 있고 계속 읽을 수도

---

52) G.a.S, 364쪽 / H.a.S, 200쪽.
53) 같은 책, 364쪽 / 같은 책, 201쪽.

있다. 이 논문이 아무리 큰 의의가 없다고 하더라도 독자가 이 글을 읽든가 읽지 않든가에 따라서 A가 될 수도 있고 B가 될 수도 있을 것이다. 다시 말해서 독자는 그 자신 A를 형성할 수도 있고 B를 형성할 수도 있을 것이다.54)

인간은 자기 자신만을 형성하는 존재이다. 인간이 자기 자신을 형성한다는 것은 그가 무엇이 되고자 하는가를 결정하는 것을 의미한다.55) 이것이 바로 자기 자신의 삶의 계획이다. 이 계획은 매순간 각 개인의 자아 앞에 개방되어 있는 존재의 여러 가능성 앞에서의 선택이다.56)

오르테가는 인간의 존재의 여러 가능성에 관해서 두 가지 측면에서 논의하고 있다. 첫째로 인간의 존재의 여러 가능성은 인간 자신에게 부여되지 않는다. 나는 나 스스로 또는 나의 삶이 나로 하여금 접촉시키는 타자의 여러 가능성의 매개를 통하여 여러 가능성을 발견하지 않으면 안 된다. 나는 존재와 행위의 계획을 환경에 비추어서 창안한다. 그러므로 오르테가는 "나는 나와 나의 환경이다."57) 라는 유명한 명제를 제시하고 있다. 인간의 상상력 없이는, 즉 자기 스스로 삶의 개념의 성격을 개념화할 수 있는 능력없이는 (삶의 형태를 창안할만한 능력없이는), 바꾸어 말해서 그가 무엇이 "되고자 하는 바의 것"(존재하고자 하는 바의 것)의 성격을 관념화할

---

54) 같은 책, 365쪽 / 같은 책 201쪽.
55) Ortega, man and crisis, 23쪽.
56) der Mensch und die Leute, 43쪽 / man and people, 43쪽.
57) 이 명제는 그의 사상을 집약적으로 표현한 유명한 명제이다. 이 명제는 오르테가의 모국어인 스페인어로 많이 인용되고 있다.
「Yo soy Y mis circumstans」

수 있는 능력 없이는 존재할 수 없다. 이러한 점에서 인간은 그가 원작자이든 표절자이든 간에 자기 자신의 소설가이다.58)

둘째로 나는 이 존재의 여러 가능성 가운데서 내가 무엇이 되고자 하는 바의 것을 선택하지 않으면 안 된다. 나는 자유하다. 나는 자유 가운데서 존재의 가능성을 선택한다. 나는 원하든 원하지 않든 간에 강제적인 자유이다. 자유란 어떤 행위의 추구에 앞서서 이미 본질적 고정적인 존재를 소유한 존재자에 의하여 추구되는 행위가 아니다. 자유롭다는 것은 본질적인 동일성의 결여, 즉 확정적인 존재로 지정되지 않는 것, 이미 그것이었던 바와는 다른 그무엇일 수 있는 것, 자기 자신을 어떤 주어진 존재 속에 안주시킬 수 없는 것을 의미한다. 이 자유의 유일한 속성은 이러한 본질적인 불안정성이다. 따라서 인간은 본질을 결여하고 있는 자기 스스로 존재의 非엘레아적 개념(non-eleatic conception of being)을 형성한다. 인간은 자기 자신이 원하는 것을 형성할 수 있는 무한한 조형가능적 존재자이다. 인간이란 자기소원에 따라 존재할 수 있는 단순한 능력 이외에 아무것도 아니다. 그렇다고 해서 인간이란 자기 자신이 어떤 순간에서 이건 무엇이든지 간에 그 무엇을 형성할 수 있다는 것을 말하는 것은 아니다. 그러므로 오르테가는 "각 순간마다 인간의 앞에는 제한된 여러 가능성이 개방되어 있다"59)라고 말하고 있다.

---

58) G.a.S. 366쪽 / H.a.S. 203쪽.
59) 같은 책. 306쪽 / 같은 쪽. 366쪽.

우리 앞에는 존재의 여러 가능성이 있지만, 우리의 배후에는 우리가 이미 존재했던 바의 것(what we have been)이 있다. 이것이야말로 존재의 여러 가능성에 제약을 가한다.

우리가 존재했던 바의 것은 우리가 존재할 수 있는 바의 것(what we can be)에 대해서 소극적으로 작용한다.60) 우리가 존재하고자 하는 바의 것은 보통 삶의 경험에 의존한다. 이 삶의 경험은 우리가 이미 존재했던 바의 것에 대한 지식이다. 그것은 우리의 오늘, 우리의 현재, 우리의 현실 가운데 항상 현존해 있고(기억이 우리를 위하여 그것을 보존해주는 한) 축적되어 있다. 이러한 지식은 나의 삶을 그 현실면에서, 존재면에서 소극적으로 한정한다. 이 지식으로부터 본질적으로 나의 삶은 삶의 경험이라는 결론이 나온다.

오르테가는 삶의 경험이란 단지 나의 과거만으로서는, 즉 내가 개인적으로 가지고 있는 경험만으로서는 구성되지 않는다고 주장하고 있다. 삶의 경험은 나의 역사적 환경, 즉 내가 살고 있는 시대와 사회에 의하여 나에게 전달된 조상들의 과거로 구성되어 있다.61) 원래 사회란 지적, 도덕적, 정치적, 기술적 관습의 목록(Repertorium von Bräuchen), 즉 놀이와 행락의 목록(Repertorium von Spiel und Vergnügen)에서 성립한다. 우리의 조상은 여러 시기의 사회를 살면서 각 시기마다 효력을 가진 관습을 경험하고 살아왔다. 각 시기의 사회를 경험하는 사람들마다 그들 자신의 이전 시기에 하나의 집단적 신념으로 효력을 발생한 관습을 한편

---

60) 오르테가는 Geschichte als System에서 「Was wir waren」이 Was wir sein können에 대해서 제약을 가하는 실례를 368쪽에서 370쪽에 이르기까지 기술하고 있다.
61) 같은 책, 370쪽 / 같은 책, 210쪽.

으로는 수용하고, 다른 한편으로는 그것을 극복하면서 삶을 영위한다. 이러한 과정을 통과하면서 관습의 목록이 형성되고 동시에 여러 형태의 사회가 성립한다. 이러한 점에서 오르테가는 사회란 본래 과거이며 인간에 대해서 상대적이며 서서히 형성된다고 말하고 있다.62)

따라서 우리는 현재의 사회 가운데서 우리에게 이미 알려진 인류 사회의 전 과거가 어떻게 존속하고 있는가를 살펴볼 수 있다. 이러한 과거는 그것이 타인들에게 (우리 이전의 조상들에게) 일어났기 때문에 과거가 아니고, 그것이 우리의 현재의 부분을 형성하고 있기 때문에 과거이다. 요컨대 그것이 우리의 과거이기 때문에 과거이다.

삶은 절대적인 현재이다. 어떤 무엇이 현재적이지 않고는 그것이 존재하고 있다고 말할 수 없다. 만일 과거가 있다고 한다면 그 과거는 현재적인 그 무엇으로서, 즉 지금 우리 가운데 활동하고 있는 그 무엇으로서 존재하지 않으면 안 된다. 만일 우리가 지금 존재하고 있음을 분석한다면, 바꾸어 말해서 우리의 현재의 성존(成存, Konsistenz)을 분해하여 철저히 살펴본다면 우리는 항상 이 현재의 현실적 순간의 삶(das Leben des gegenwärtigen, aktuellen Augenblicks)인 바 우리의 이 삶이 개인적으로나 집단적으로 이미 존재했던 바의 것으로 구성되어 있음을 발견한다. 오르테가에 있어 이미 존재했던 바의 것은 전통적인 존재론의 측면에서 조명해 본다면 고정적, 정태적, 불변적 소여존재를 말한다. 오르테가는 이러한 입장을 다음과 같이 기술하고 있다.

---

62) 같은 책 같은 쪽 / 같은 책 같은 쪽.

만일 우리가 전통적인 의미에 있어서 존재를 기재(既在, 이미 있음의 존재〔das schon-Sein〕), 즉 고정적, 정태적, 불변적, 소여 존재(das festes, statisches, unveränderliches und gegeben Sein)라고 말한다면 인간에 있어 존재의 유일한 요소, 즉 자연의 유일한 요소는 인간이 이미 존재했던 바의 것임을 말하지 않으면 안 될 것이다. 과거, 즉 이미 존재했던 바의 것이 인간의 동일성의 계기, 인간의 유일한 물적 요소이다.63)

인간의 유일한 엘레아적 존재가 이미 존재했던 바의 것이라면 이것은 인간의 진정한 존재가 비(非)엘레아적인 존재에서 성립한다는 것을 의미한다.

오르테가에 있어서 비엘레아적 존재란 이미 존재했던 바의 것이 아닌, 즉 사실상 존재하는 바의 것(우리 자신의 현존성)을 뜻한다.64) 인간이 존재한다고 말할 때 이 존재라는 말은 대체로 전통적인 의미의 존재(eleatische Sein)의 개념을 배제하기가 매우 힘들다. 그러므로 오르테가는 인간이 존재한다고 말할 때 이 존재라는 말은 비엘레아적 의미의 개념으로 표현되고 사용되어야 한다고 단언하고 있다.

위에서 고찰한 오르테가의 삶의 구조에 대한 분석에서 잠정적으로 결론을 도출한다면 삶이란 경험과 지식의 변증법적 연속이라고 규정하고 있기 때문에 오르테가의 삶의 구조에 대한 분석도 변증법적 차원에서 연구되어야 한다. 우리가 여기서 삶의 구조를 경험의 변증법의 측면에서 보다 구체적으

---

63) 같은 책, 372쪽 / 같은 책, 213쪽.
64) 같은 책 같은 쪽 / 같은 책, 같은 쪽.

로 조명하고 있는 오르테가의 철학적 작업을 보다 깊이 숙고하고 음미하는 것이 필요할 것 같다.

오르테가는 인간이란 근본적으로 환경에 의하여 인간 자신에게 제기되는 난문제들에 대한 만족스러운 해답을 주는 삶의 계획을, 즉 정적인 존재형식을 자기 스스로 고안한다고 주장하고 있다.[65] 그러나 삶의 계획은 모든 난문제를 해결시켜 주지 못하며, 그것은 다른 새로운 난문제를 야기시킨다. 이 경우 인간은 다른 또 하나의 삶의 계획을 고안한다. 그러나 제2의 계획은 환경을 고려할 뿐만 아니라, 최초의 계획도 고려해서 고안되지 않으면 안 된다. 인간은 삶의 새로운 존재계획을 수립함에 있어 과거의(최초의) 계획의 여러 결점을 피하고자 기도한다. 그러므로 제2의 계획 속에서는 어떤 형태로서이든 최초의 계획이 아직도 작용한다. 인간은 새로운 삶의 존재계획을 세우는 데 있어 항상 자기가 이미 존재했던 바의 것을 냉혹할 정도로 피한다. 오르테가는 이러한 입장을 다음과 같이 밝히고 있다.

> 제2의 존재계획에서, 즉 제2의 철저한 실험에서 제3의 계획이 따라 나온다. 제2와 제1의 계획을 고려해서 제3의 계획이 형성된다.[66]

이 점에서 인간은 존재와 비존재를 계속한다. 인간은 삶을 계속한다. 인간은 존재를, 과거를 계속 축적한다. 인간은 인간 그 자신의 경험의 변증법적 연속(die dialektische Reihe der Erfahrungen)을 통해서 자기 스스로 존재를 계

---

65) Universität, 72쪽.
66) 같은 책, 374쪽 / 같은 책 215쪽.

속 형성한다. 오르테가는 생적 이성의 변증법 또는 현실적 변증법(die Dialektik der vitale Vernunft od. die Realdialektik)이라고 말하고 있다.67)

인간에게 일어났고 인간에 의하여 행하여진 바의 것-이것은 인간이 소유하고 있는 모든 것의 묶음(das Bündel seiner Habe)을 방랑자로서 그의 등에 지고 옮겨 나르는 경험의 냉혹한 궤도(eine unabänderlicher Linie von Erfahrung)를 형성한다. 그러므로 오르테가는 인간을 존재의 순례길에 나선 실속있는 방랑자라고 규정하고 있다.68)

인간이 존재할 수 있는 가능성에 제한을 설정하는 것은 무의미하다. 그러나 자연을 가지고 있지 않는 인간을 특성화시키는 이 원칙적인 무제한한 여러 가능성에 하나의 제한을 가할 수 있다면 그것은 단지 과거라는 주어진 확정된 고정선일 것이다. 이 고정선에 의하여 인간은 자기의 진로를 계획한다. 이미 삶으로 형성된 경험은 인간의 미래를 제한한다. 인간은 과거를 고려해서 삶을 영위한다.

인간은 자연을 가지고 있지 않다. 인간이 가지고 있는 것은 역사이다. 달리 말해서 사물은 자연을 가지고 있고 인간은 역사를 가지고 있다. 그러므로 인간에게 안정되고 구체적인 것이라고는 전혀 없고, 즉 고정적이고 확정적인 것이라고는 전혀 없고 오직 변화만이 있다. 인간의 존재의 실체가 있다면 그것은 단지 변화에 불과하다. 이 변화의 내용의 전체적 과정이 곧 역사이다. 인간은 존재의 실질적 변화를 경험하면서 생장하고 진보한다.

---

67) 같은 책, 374쪽 / 같은 책 216쪽.
68) 같은 책, 375쪽 / 같은 책 같은 쪽.

오르테가에 있어 이 진보는 삶의 실질적 변화의 조건이며 인간의 존재론적인 특권이다. 이 진보가 역사의 존재형식이다. 진보는 이미 존재하고 있는 바의 존재, 즉 기재에 끝까지 사로잡히지 않고 그러한 존재를 다른 존재에로 이주시킬 수 있는 사람에게만 가능하다. 오르테가는 이러한 견해를 다음과 같이 기술하고 있다.

> 마치 뱀이 그의 허물을 벗고 새로운 피부를 가지듯이 인간이 이미 존재하고 있는 바의 것(기재)으로부터 탈피하여 새로운 형식을 채용할 수 있어야 한다는 것은 충분하지 않다. 진보란 본질적으로 말해서 새로운 형식이 낡은 과거 형식을 극복하고, 이 결과 과거를 보존하고 이용할 것을 요구한다. 다시 말해서 진보는 새로운 형식이 마치 고온이 저온 위에서 올라가듯이 과거의 형식의 어깨 위에 기어오름으로써 과거의 형식을 극복할 것을 요구한다.69)

이와 같이 진보한다는 것은 존재를 축적하는 것, 즉 실재를 저장하는 것이다. 이러한 존재의 증진은 개체와 관련지어 생각해 볼 경우에도 한 개체가 부단히 발전할 수 있는 최초의 지평이다. 예컨대 타이거의 경우 타이거는 천년 전의 타이거 그 이상도 아니고 그 이하도 아닌 점에서 타이거는 항상 최초의 타이거이다. 그러나 인간 개개인은 최초의 인간성을 가지고 있지는 않다. 인간은 태어나면서부터 먼저 그의 주위, 환경, 타자들, 그리고 그것들이 발생시킨 사회를 발견한다. 그러므로 인간 자신이 자기의 인간성 가운데서, 즉 자기의 내면

---

69) 같은 책, 377쪽 / 같은 책, 219쪽.

속에서 발전하기 시작하는 것은 이미 발전된 것, 바꾸어 말해서 그 정점에 도달한 다른 인간성을 그 출발점으로 삼는다. 요컨대 인간은 자기의 인간성에 다른 인간성을 덧붙인다.

인간은 타고날 때부터 인간성의 형식, 즉 벼리어 만들어진 인간 존재의 한 양식을 발견한다. 인간은 이 인간 존재의 양식을 창작할 필요가 없고 단순히 그것을 인계하여 자기 자신의 개성적 발전의 출발점으로 삼는다. 이것은 인간이 마치 항상 원점에서 자신의 생존을 출발하지 않으면 안 되는 타이거에 있어서와 같이 제로(Zero)지점에서 삶을 시작하는 것이 아니고, 자기 자신의 생장을 덧붙이는 바 절대량에서 시작한다는 것을 의미한다. 그러므로 오르테가는 다음과 같이 말하고 있다.

> 인간은 최초의 인간, 즉 영원한 아담이 아니다. 인간은 형식적으로 제2의 인간, 제3의 인간 등이다.[70]

인간 개개인이 왜 그 자신의 삶이 저러하지 않고 이러한가에 대해서 스스로 묻는다면 그것이 어떤 불가해한 우연에 그 기원을 두고 있지 않다는 사실이 인식될 수 있을 것이다. 다시 말해서 인간 개개인이 살고 있는 사회가, 즉 집단적인 인간이 궁극적으로 이러하기 때문에 그의 삶이 이러하다는 사실이 이해될 것이다. 사회의 존재 양식 역시 하나의 사회가 그 초기 단계와 그 이후 단계에 있어 저러저러 하기 때문에 현재는 이러하다는 형식으로 이해될 것이다.

---

70) 같은 책, 377쪽 / 같은 책, 220쪽.

그러므로 오르테가는 인간의 삶에 대한 이해는 인간 개개인과 무상한 현재 가운데서 인간의 전 과거가 어떻게 생생하게 작용하고 활동하고 있는가를 퍼스펙티브(Perspektive)를 통해 살펴봄으로써 가능하다고 주장하고 있다.

 인간의 삶은 시간적인 차원에서 볼 때 경험의 변증법적 연속이다. 바꾸어 말해서 과거란 저쪽에, 즉 과거가 일어났을 때의 그 날짜에 있는 것이 아니고 나의 내면 속에, 바로 여기에 있으며 동시에 과거는 "나"이다. "나"란 나의 삶을 의미한다.

Ⅲ. 사물·주위·환경·세계에 대한 두 가지 방식의 이해

1. 사물의 의미

오르테가는 사물을 두 가지 측면에서 이해한다. 즉, 나와 생적 관계를 가지는 측면과 나와 존재론적 관계 및 과학적 관계를 가지는 측면에서 이해한다. 오르테가는 사물이 나와 생적 관계를 가지는데 그 일의적(一義的) 의미가 놓여 있으며, 따라서 사물은 나와 생적 관계를 가지는 그 무엇 이외 아무 것도 아니라고 주장한다.

그렇다면 사물이란 나와 생적 관계를 가지는 그 무엇이라고 말할 때 오르테가는 어떤 경우를 시사하는 것일까? 여기서 우리는 이 물음에 대한 해답을 오르테가 자신이 실례를 들어 밝히고 있는 것을 논구해봄직 하다.

우리가 빛에 관하여 사유하고 있다고 가정할 경우에 빛에 관한 사유의 최대 한도는 광학(光學)이다. 광학에서 우리가 종국적으로 발견하는 것은 빛에 관한 충분한 지식에 불과하다는 사실이다.[71] 그러므로 우리는 광학의 종국에서 빛을 가

---

71) S.L.M. 31쪽.

질 수는 없지만, 그러나 빛의 존재72)라는 이질적인 사물만은 가질 수 있다.

우리가 빛의 존재를 가질 때 빛을 안다고 말한다. 그러므로 일반적으로 안다는 것은 사물 그 자체를 소유하는 것이다. 이러한 소유가 저 존재를 사유하는 사고 가운데서 확증될 때 우리는 우리의 사고가 참이라고 말한다.

그런데 빛이라는 사물에 관하여 사유할 때 그 빛이란 무엇인가? 오르테가는 빛이라는 사물에 관한 사유는 무엇보다도 먼저 그 사물이란 무엇인가를 모른다는 사실로 말미암아 시작된다고 주장한다. 그러므로 인식 이전에 사유는 순수한 무지이다. 왜냐하면 무지하다는 것이 그 무엇에 관하여 적극적으로 사유하는 것, 사물의 존재를 소유하지 않고 있음을 사유하는 것, 사물이란 무엇인가를 모르고 있음을 사유하는 것이기 때문이다. 이러한 입장을 오르테가는 다음과 같이 언표하고 있다.

> 무지란 사물이 존재를 가지고 있음을 알고는 있지만, 그러나 저 존재가 무엇인지를 모르고 있다는 사실을 아는 것이다. 다시 말해서 사물이 무엇인가를 모르고 있다는 사실을 아는 것이다.73)

이 빛이란 무엇인가? 여기에 빛에 관한 우리의 최초의 무지가 있다.

---

72) 오르테가에 있어서 빛의 존재와 빛은 다르다. 바꾸어 말해서 사물의 존재와 사물 자체는 다르다. 사물의 존재는 사물의 본질 또는 실체이며 사물 자체는 우리와 생적 관계를 가지는 현실적 사상(事象)이다.
73) 같은 책, 82쪽.

빛, 즉 사물은 하나의 물음이다. 우리가 사물에 관하여 물음을 제기하는 바 그 무엇이다.

앞에서 기술한 바와 같이 빛, 즉 사물의 존재에 관한 사고와 물음은 사물에 관한 존재론적 태도 및 과학적 태도에서 사물을 소유하려는 삶의 한 형식이다. 사물에 대한 이와 같은 존재론적인 인식은 삶의 한 형식이긴 하지만, 그러나 이것만이 삶 자체를 구성하는 유일한 근본적인 요소는 결코 아니다.

나와 사물들 간의 생적 관계에 있어서 사물들은 존재를 가지지 못한다. 우리가 빛이라는 사물에 관하여 사유하지 않을 때 빛은 결코 존재를 가지는 것이 아니다. 그 경우 빛은 단순히 나와 직접적인 관계를 가지는 생적 그 무엇에 불과하다. 빛은 단지 나에게 비칠 뿐이다. 빛이 비치고 있는 이상 나는 그 빛을 통해서 책을 읽을 수 있고, (불)빛을 끄거나 밝히고, 그리고 그 빛의 기능에 일정한 양의 돈이 들어가곤 하는 바의 것, 그 이외 아무것도 아니다. 빛의 이러한 사실 가운데 그 어떤 것도 빛의 존재는 아니다. 내가 빛에 관하여 많이 사유하고, 그리하여 드디어 나의 광학적인 탐구의 결과에 이르게 될 때 나는 빛의 존재가 에테르(Ether)의 진동으로 구성된다는 사실을 발견한다. 이것은 나와 빛과 관련한 행위에 있어 그 어떤 것도 말해 주지 않고 있다. 그러므로 빛의 실재란 이 순간에 나에게 전적으로 비치는 데서 존립한다.

빛이 나를 향해서 비치고 있는 이 현재적 현실적 비침을 제외한다면, 즉 나와의 관계에 있어서의 행위를 제외한다면 나의 삶에 있어 빛은 무에 불과하다. 그런데 이 빛이 비치지 않고 사라질 때, 즉 빛이 나를 안락하게 만들어 주었던 바의 것을 나를 위해서 실천하지 않을 때 빛은 나에게는 새로운 그 무엇을 행한다. 다시 말해서 빛은 나를 불편하게 만들고 또 나를 불편하게 만드는 가운데 빛은 그 자신을 나에게는 하나의 문제로 만든다. 왜냐하면 나는 빛이라는 사물을 필요로 하면서 그 사물에 의지할 수 없기 때문이다. 즉 빛이라는 사물은 나를 낭패시키고 있기 때문이다. 사물들이 존재를 가지기 시작하는 것은 사물들이 결여하고 있을 때이다. 오르테가는 이 점에 대해서 다음과 같이 요약된 결론을 내린다.

> 분명히 우리의 삶에 있어 결여되어 있고 또 이 삶에 있어 거대한 공허를 만드는 것은 사물들의 존재다. … 사고는 그의 끊임없는 노력에서 그의 공허를 채우기 위해 열심히 활동한다.74)

오르테가에 있어서 사물 자체와 사물의 존재는 전연 별개이다. 사물 자체가 인간과의 단순한 생적 관계를 가지는 그 무엇이라면 사물의 존재는 우리의 삶에 있어 결여이고 공허이고 동시에 사고에 의하여 투입된 하나의 해석이다.

우리는 앞에서 기술한 실례를 통해서 사물의 생적 의미성을 결론적으로 도출해낼 수 있다. 그것은 오르테가의 다음과 같은 말에 의해서 짐작될 수 있을 것 같다.

> 사물들이란 내가 나 스스로 그것에 종사하거나 그것에 의하여 종사되는 바의 것을, 즉 내가 행하고자 하는 바의 것을 그것으로써 성공하거나 실패하는 바의 것이다. 요컨대 사물들은 내가 부단히 주의를 기울이고 있는 관심이다. 행하는 것, 종사하는 것은 그리스어로 Praxis(실천)라는 말로 표현되기 때문에 사물들이란 근본적으로 실용물

---

74) 같은 책, 88쪽.

(Pragmata)이고 나와 사물 간의 관계는 실용적이다. … 사물이란 나에 대해서 호의적이거나 절대적이며, 애무이거나 마찰이며, 아첨이거나 손상이며, 봉사이거나 손해이다. 그러므로, Pragmata로서의 사물은 내가 특정목적을 위해서 조작하는 그 무엇, 내가 취급하거나 피해버리는 그 무엇, 내가 고려하거나 도외시하지 않으면 안 되는 그 무엇이다. 사물은 그 무엇에 대해서 도구이거나 또는 장해이다. 사물은 그 무엇에로 주의를 기울이는 관심이고 크고 작은 정도로 나에게 중요한 그 무엇이며, 내가 너무 많이 중요성을 가지고 있는 그 무엇이다.[75]

사물은 나와 현실적 직접적 관계를 가지는, 이를테면 나의 삶의 도구이고 Pragmata이다. 오르테가는 이러한 사물에 대한 이해를 근거로 해서 주위·환경·세계에 관한 논구를 시도한다. 그는 주위·환경·세계를 동일한 의미로 이해하고 있다. 그는 이러한 견해를 다음과 같이 밝히고 있다.

우리는 미리 계획하지 않고 예측되지 않은 주위, 즉 우리가 거기에서 삶을 영위하고 우리 자신을 발견하는 바 이러한 가장 일정한 환경을 세계라고 일컫기로 하자 … 주위, 환경, 세계 — 이 세 가지 낱말들은 우리에게는 동일한 것, 즉 "그 자신의 외부"의 이방적이고 생소한 요소를 의미한다. 저 세계는 커다란 사물, 어슴프레한 경계선을 가지고 있고 조그마한 사물들로 파열할만큼 충만해 있는 거대한 사물이다.[76]

---

75) der Mensch und die Leute, 52-53쪽 / man and people, 53-54쪽.

오르테가에 있어서 세계는 사물들의 총체, 즉 사물들의 통일적인 질서를 의미한다. 세계는 이 질서의 존재이고 보편적인 존재로 표현된 만물이다. 요컨대 세계는 사물들의 질서와 구조와 법칙과 일정한 행동이다. 세계란 가능과 불가능이다. 세계는 우리의 삶을 다짐하는 모든 가능성의 목록이다.77)

2. 주위, 환경, 세계의 의미

오르테가에 있어서 환경이란 훌리안 마리아스(Jurian Marias)가 말한 바와 같이 나를 둘러싸고 있는 주위, 즉 내적 세계와 외적 세계, 주관의 외부에 존재하는 일체의 것을 포함한다.78)

그러므로 환경은 단순히 물리적인 주위(Physical Milieu)만이 아니다. 환경은 실제로 자아의 일부분이고 근본적인 실재의 분절이다. 해럴드 C.랠리(Harold C. Raley)는 오르테가의 환경을 다음과 같이 해석하고 있다.

환경이란 그 어원상 라틴어의 circumstantia, 즉 우리를 둘러싸는 것의 의미로 새겨지지 않으면 안 된다. 모든 삶은 그 환경 내에서 영위된다. 그러나 환경은 단지 물리적이거나 또는 지리적인 것이 아니다. 환경은 관념, 신념, 일

---

76) 같은 책, 42쪽, 50쪽 / 같은 책, 42쪽, 51쪽.
77) Ortega, The revolt of the masses, 41쪽.
78) Harold C. Raley, Ortega y Gasset, Philosopher of European Unity, 17쪽.

정한 민족 또는 어떠한 인간의 역사를 포함한다. 환경은 삶의 여러 가능성과 한계의 부분이며 우리 자신의 존재의 부분이다. 환경은 우리의 육체와 정신까지도 포함한다. 그 까닭은 육체와 정신 역시 우리가 취급하지 않으면 안 되는 사물들이기 때문이다. 환경은 거기에서 우리가 우리 자신을 발견하고 우리의 삶을 형성하지 않으면 안 되는 바 그러한 일체의 것이다. ……세계는 일반적인 의미에서라기보다도, 오히려 개인적인 의미에서 적절히 이해된다. …세계는 환경이며, 이 환경은 나의 환경을 의미한다.79)

오르테가에 있어 환경은 하이데거(Heidegger)가 인간을 규정하여 "세계 내 존재"(In-der-Welt-sein)라고 말했을 때 바로 그 세계이며, 야스퍼스에 있어 인간 존재의 상황을 의미한다.

따라서 환경은 세계, 상황, 주위의 의미를 가진다. 오르테가는 이 세 가지 표현을 특별히 구별없이 사용한다.80)

앞에서 기술한 바와 같이 환경 및 세계는 삶이라는 근본실재를 구성하는 계기로서 그것 없이 삶이 성립할 수 없는 그러한 것이다. 오르테가는 세계라는 말에 어떤 학문적인 의미도 부여하지 않도록 조심해야 한다고 말하고 있으며, 나아가서는 세계라는 말을 일반적인 의미로 사용해야 한다고 역설하고 있다.81)

세계는 나의 주위의 일체의 것, 즉 나를 둘러싸고 있는 일체의 것을 의미한다. 그러므로 세계는 우리가 거기에서 삶을

---
79) 같은 책, 215쪽.
80) S.L.M. 60쪽.
81) 같은 책, 같은 쪽.

영위하고 있음을 발견하는 장소이며, 그리고 우리 자신을 발견하는 장소이기도 하다. 우리는 항상 세계에 직면해 있고, 그리고 이 사실을 발견하는 데서 삶이 성립한다. 다시 말해서 우리 자신이 세계 내에 존재해 있고 세계의 여러 문제에 관여하고 세계와의 교섭을 가지고 있음을 발견하는 것이 삶이다.[82] 세계는 우리들 각자에게 영향을 미치는 것으로 구성되어 있고 그리고 나와 불가분적이다. 세계는 나와 함께 태어나고 나와 더불어 존재한다. 세계는 나에게 인자할 수도 있고, 나에게 잔인할 수도 있고, 나에게 편리로울 수도 있고 불편할 수도 있다.[83] 그러므로 오르테가는 다음과 같이 말하고 있다.

> 세계란 내가 실제적인 의미에 있어 삶을 영위하기 위해 만나는 수단과 장해, 편리와 곤란의 총체임을 의미한다.[84]

세계는 일차적으로 고정된 본질 및 존재를 가지고 있는 일정한 존재자라기보다도 전연 존재를 가지고 있지 않는 ─ 나와 대면해 있으면서 나와 더불어 삶이라는 근본실재에 공속해 있는 ─ 나의 다른 또 하나의 일부분이다. 오르테가는 세계의 이러한 측면을 다음과 같이 말하고 있다.

> 세계란 내가 나 자신을 발견할 때 나와 맞서 있고 나를 둘러싸고 있는 것으로 발견하는 것, 즉 분명히 나에 대해서

---

82) 같은 책, 39쪽.
83) 같은 책, 같은 쪽 / Technik, 28쪽, technician, 110쪽.
84) der Mensch und die Leute, 52쪽 / man and people, 53쪽.

실재하고 있고 나에 대해서 작용하고 있는 그러한 것이
다.85)

이러한 세계는 나에게 은혜로운 사물들과 은혜롭지 못한
사물들로 구성되어 있다. 세계를 구성하는 사물들이 물체냐
또는 물체가 아니냐 하는 것이 중요한 것이 아니고, 그 사물
들이 나에게 관심을 불러일으킨다는 것이 중요하다.86) 세계
를 구성하는 사물은 나에게 저항하기도 하고 방해가 되기도
하고 나를 지탱해 주기도 한다. 사물은 나에게 우호적인 그
무엇이기도 하고 적대적인 그 무엇이기도 하다. 이러한 점에
서 세계란 나에게 영향을 미치는 바의 것이다.87)

오르테가에 있어 세계는 앞서 이야기한 바와 같이 근본적
으로 나와 대면해서 나에게 곤란을 주기도 하고 편리를 주기
도 한다. 뿐만 아니라 내가 세계를 필요로 하고 세계가 나를
필요로 하는 그러한 나의 쌍생아적인 부분으로서 세계는 삶
이라는 포괄적인 실재를 떠나서는 한갓 공허이고 무에 지나
지 않는다. 이러한 세계는 존재를 결여하고 있고 우선 존재를
물음으로 삼는 인식의 대상이 아니다. 오르테가는 세계란 인
식의 대상 이전의 이른바 선인식(先認識, Preconscious)의
명증성이라고 규정하고 있다.

세계는 인식되는 것이 아니고 근본적으로 인식 이전에 이
해 또는 인지(be acquainted with)된다. 인식된 세계는 나
의 삶과는 근본적인 관련을 가진 것이 아니다. 인식되고 사고
된 세계는 나를 둘러싸고 있는 주위들에 부여한 해석이다. 그

---

85) W.i.P. 497쪽 / what is philosophy, 231쪽.
86) S.L.M. 39쪽.
87) W.i.P. 487쪽 / what is philophy, 219쪽 / S.L.M. 39쪽.

러므로 세계는 선인식의 그 무엇, 즉 나와 생적 관련을 가지는 그 무엇으로서 우리에게 현전된다. 이러한 입장에 대해서 오르테가는 다음과 같이 말하고 있다.

> 지구는 일정한 은하계에 속하는 태양계 내의 혹성이며 원자들로 구성되어 있음에 틀림없다. 이 원자들 하나하나는 전자, 양자, 중간자, 중성자라고 일컬어진 사물들을 포함한다. 그러나 만일 지구가 그것 이전에 우리의 삶의 구성 요소로서, 즉 우리가 지구와 화해하지 않으면 안 되는 바 그러한 그 무엇으로서, 우리에게 중요한 그 무엇으로서 문제가 되는, 즉 그것이 우리에게 곤란과 용이를 부여하기 때문에 우리에게 문제가 되는 그 무엇으로서 현존하지 않았다면 이 지구에 대한 지식 가운데 그 어떤 것도 존재하지 않았을 것이다. 이것은 여러 과학이 이 선현존(先現存)과 근본적인 국면으로부터 출발하며 그리고 여러 과학은 그것을 전제로 한다는 것을 의미한다. … 우리가 이미 세계 내에서 삶을 영위한 이후에 그리고 세계가 우리에게 대해서 그것인 바의 것으로서 이미 존재할 때 우리는 과학을 실천하기 시작한다. 과학은 다만 인간이 그의 삶 가운데서 실천하는 무한한 활동, 행위, 작용들 가운데 하나에 불과하다.[88]

오르테가에 있어 세계란 사유 이전에 그리고 인식 이전에 삶에 있어 나와 상호교섭적 관계를 가지는 그러한 생적 세계이다. 그러므로 나와 생적 관계를 가지는 세계는 내가 사유하기 이전에도 존재하고 내가 사유하는 경우에도 현존하는 이른바 삶의 무대이고, 터전이고, 경계이다.

---

88) der Mensch und die Leute, 51쪽 / man and people, 52쪽.

오르테가는 세계를 구분하여 삶에 포함되는 나와의 상호의속적 관계, 즉 생적 관계에 있는 세계의 형식과 해석을 통해 존재를 부여한 세계의 형식으로 구분하고 있다. 전자는 삶의 이원적 구조를 구성하며 동시에 나의 삶에 있어 가장 근본적이지만, 후자는 부차적이라고 주장한다. 전자는 나와 근원적인 관련을 가지며 절대적인 현전으로서 명증성을 함유하고 있다. 후자는 나와 생적 관계를 가지는 세계에 대해 내가 행하는 무수한 일들 가운데 하나의 형식인 사고를 통해서 해석된 이차적인 세계이다. 예컨대 지구와 나를 두고 논의할 때 지구는 근원적으로는 나에게 봉사하고 나를 나의 발밑에서 지탱해 주고 나를 위한 온갖 기여를 해 주는 그러한 것이다. 나를 긍정하고 봉사하고 지탱해 주고 있는 동안 나는 지구에 대하여 전연 주의를 기울이지 않았고 또 의식조차 하지 않았다. 그러나 나는 사실은 지구에 의존하고 있다. 내가 지구를 사고하거나 인식하지 않았을 뿐이지 실은 나의 사고 및 인식 이전에 나는 그것을 지탱해 주는 것, 내가 그 위에 걸을 수도 있고 누울 수도 있는 그러한 것으로서 인지 또는 이해하고 있다. 이런 점에서 지구는 나와 생적 관계를 가진 그 무엇에 불과했다. 그러나 어느 날 지구가 흔들리면서 나를 지탱해 주기를 거부하고 나를 부정하기 시작할 때 나는 지구와 관련하여 무슨 일을 해야 할지를 모른다. 다시 말해서 나는 지구의 존재가 무엇인지를 모르기 때문에 지구의 존재를 탐구하지 않으면 안 된다. 지구는 그 자신을 위해서 존재를 가질 필요가 없다. 지구가 이와 같은 존재를 가지는 것을 필요로 하는 것은 우리 자신이다. 이것은 지구라는 사물의 존재가 인간의 여러 필요들 가운데 하나가 된다는 것을 의미한다.

삶의 긍정이고 안정이며 편리인 바 지구가 흔들림으로서, 즉 삶에 대한 부정의 형식으로 탈바꿈하여 삶의 안정을 파괴하는데서 삶의 안정을 회복하기 위해 우리는 지구의 존재를 탐구하는 것을 필요로 한다.

따라서 삶의 부정으로서의 지구의 동요는 드디어 잊혀진 지구를 새로이 의식하고, 그리하여 지구가 결여하고 있는 존재를 부여하고자 사고 및 인식이 그 기능을 발휘한다. 사고는 지구의 존재인 다른 또 하나의 사물을 선존재론적(先存在論的) 지구와 대치시키려고 시도한다. 이러한 점에서 사고는 단순히 정관이 아니고 하나의 건설이다. 오르테가는 사고를 규정하여 다음과 같이 말하고 있다.

> 사고는 건설이며 또한 사물들을 반영하는 일이 아니라, 나에게 봉사하고 나의 여러 필요들에 응하는 다른 또 하나의 사물을 만듦으로써 사물들을 변형시키는 일인 바 그러한 기술적인 노동의 특수한 경우와 같은 것으로 생각된다.[89]

우리는 사고에 의하여 세계의 존재를 탐구하고, 세계에 대한 존재론적인 해석을 감행하고, 그 해석이 우리를 확신시키는 척도에 따라서 그 해석을 신뢰한다. 그리고 그 해석은 우리를 안전하게 해준다. 이 경우에 세계란 단지 해석에 불과하며, 우리가 거기에서 계속 존재할 수 있는 그러한 안전이다.

오르테가에 있어 세계는 위에서 본 바와 같이 두 가지 존재 형식을 가진다. 따라서 나와 생적 관계를 가지는 그 무엇

---

[89] S.L.M. 104쪽.

으로서 세계가 근원적이라면 삶의 한 형식인 사고와 인식을 통해 해석되고 존재론적으로 의미부여된 세계는 부차적이다.

IV. 세계의 구조

1. 세계의 형식적 구조

오르테가는 세계에 대한 해부학적 구조 분석을 통해서 근본실재로서의 삶의 구조를 기초적으로 해명하고자 시도한다.

우리 앞에 명백히 전개되는 세계는 지금 나타나지 않고 잠재해 있으면서 숨겨진 거대한 세계의 일부분에 지나지 않는다. 세계는 우리가 직접적으로 관여하고 있고 동시에 우리의 주의를 이끄는 사물이 존재하는 전경(前景, Vordergrund), 사물이 거기에서 나타나는 바 그러한 시(視)의 지평으로서 중거리(middle distance, Horizont 또는 Gesichtskreis), 지금 잠재해 있으면서 은폐되어 있는(im Augenblick verborgen ist) 원거리(for distance, jenseits Liegende) 등의 삼면(dritter Bereich) 또는 삼거리(three distances)로 구성되어 있다.90) 오르테가는 이와 같이 세계 구조의 삼면을 다음과 같은 네 가지 법칙으로 정리하고 있다.91)

---

90) der Mensch und die Leute, 63-64쪽 / man and people, 67쪽 / Ortega, Phenomenology and Art, 119-121쪽.
91) 같은 책 60-88쪽 / 같은 책, 63쪽-80쪽.

제1법칙 : 생적 세계는 우리에게 현전하는 사물들과(現時性에서 존재하는 사물들과) 공·현전(共·現前, Compresent or present together)해 있는 사물들(우리들에게 대해서 은폐되어 있고 잠재해 있는 사물들)로서 구성되어 있다.

제2법칙 : 사물은 우리에게 결코 단독으로 현전되지 않고, 오히려 우리가 주의를 기울이지 않고 있는 (우리의 주의를 끌지 않는) 다른 사물들에 의지해서, 즉 우리가 보고 있는 것의 배경물들에 의지해서 나타난다.

제3법칙 : 세계는 그 세계 내의 모든 사물들과 더불어 나에게 대하여 여기로부터 존재하지 않으면 안 되며, 따라서 세계는 자동적으로 퍼스펙티브(Perspektive)가 된다. 즉, 세계 내의 사물들은 여기로부터 가까이 있거나 또는 멀리 있고, 여기서 오른쪽에 있거나 왼쪽에 있고, 여기서 위에 있거나 아래에 있다.

제4법칙 : 긍정적, 부정적 봉사로서의 사물은 전쟁, 사냥, 페스티벌과 같은 봉사성의 구축물을 형성하기 위해서 연계되어 있다. 세계 내의 사물은 실용적 장(pragmatische Feld)으로서 나타난다.

우리가 여기서 세계의 이러한 네 가지 구조적 법칙을 구체적으로 파악하기 위해 오르테가 자신이 그의 여러 저서들에서 열거하고 설명한 실례들의 함축된 의미를 음미하는 것이 필요할 것 같다.

1) 세계의 제1의 구조적 법칙

오르테가는 삶의 세계 내에 나타난 어떤 사물도 우리와의 생적 관련을 가지지 않을 수 없으며, 따라서 이러한 생적 관련은 일차적으로 그 사물들이 우리들 앞에서 현전한다는 사실을 전제한다고 주장하고 있다. 하나의 사물이 우리들 앞에서 현전할 때 거기에는 결코 사물 자신의 전체를 드러내는 일은 없고 반드시 그 자신의 부분만을 나타낼 뿐이다. 오르테가는 이러한 견해를 다음과 같이 밝히고 있다.

> 이브가 아담에게 사과를 줄 때 현전적이고, 가시적이고, 명백한 모든 것은 반분(半分)의 사과에 불과하다. 아담이 발견하고, 보고, 받는 것은 아마도 반분의 사과에 불과할 것이다. 이브의 시점(視點)으로부터 보여지는 것, 엄밀히 말해서 현전되는 것은 아담의 시점으로부터 보여지고 현전되는 것과 다른 그 무엇이다. 모든 물체는 두 면을 가지고 있기 때문에 달의 두 표면의 경우와도 같이 다만 그 두 면 중 한 면만이 우리에게 현전한다.92)

---

92) 같은 책 60쪽 / 같은 책 63쪽 / Ortega, meditation on Quixote, 63쪽 (Quixote에서는 Orange를 실례로 들고 있는데 그 의미가 der Mensch und die Leute에서 든 실례와 동일하다.

사물은 부분이 아니고 전체성, 즉 여러 면들의 통일성이다.93) 따라서 세계 내의 사물들은 우리에게 현전할 경우 그것이 우리에게 나타날 수 있는 가능적 여러 면들 가운데 한 면이 나타날 뿐이다. 우리가 사물의 전체성으로서의 여러 면들을 동시적으로 본다는 것은 불가능하다.

그러나 우리는 사물이 현전할 경우 그 일면과의 대면에서 항상 우리에게 현전하지 않는 다른 부분을 감지하고 아쉬워한다. 오르테가는 이러한 견해를 다음과 같이 밝히고 있다.

> 우리의 안전(眼前)에 현재적으로 그리고 분명히 현전하고 우리에게 주어지는 모든 것은 그 본질에 있어 단순한 단편, 소편(小片), 파편, 부재한 그 무엇의 그루터기에 불과하다. 우리가 그것을 볼 때 우리는 반드시 존재하지 않는 부분을 감지하고 아쉬워 하지 않을 수 없다. 모든 소여 존재에 있어서, 즉 세계의 모든 여건에 있어서 우리는 그것의 본질적인 특성, 부분으로서의 그리고 단지 부분에 지나지 않는 것으로서의 특성을 발견한다. 다시 말해서 우리는 그 소여존재에서 그것의 존재론적인 절단(切斷)의 상흔(傷痕)을 본다.94)

오르테가는 소여존재의 존재형식을 단순히 우리의 면전에서의 부분적인 현전만으로 이해하지 않고, 앞서 말한 바와 같이 전체성에서 이해하고 있다. 사실 소여존재는 그것이 우리 앞에 현전할 때 반드시 우리에게 현전하는 면과 그 현전하지 않는 여러 면도 드러낸다. 다만 우리는 현전하지 않는 여러

---

93) Ortega, the Origin of Philosophy, 40쪽.
94) W.i.P, 381쪽 / What is Philosophy, 94쪽.

면을 현전하는 면과 동시적으로 보지 못할 뿐이다. 오르테가는 어떤 사물이든 그것이 우리와의 생적 관련을 가질 경우 항상 그 사물들은 우리에게 대해서 직접적이고 가시적인 명백한 현전성을 가지면서 동시적으로 현전성의 배후에 사물의 불가시적인 여러 면을 가진다고 말한다. 오르테가는 이것을 공·현전이라고 일컫는다. 우리에게 주어지는 사물은 반드시 현전과 공·현전을 가진다. 그러면 이 공·현전은 어떻게 해서 우리에게 이해되는 것일까? 이러한 물음에 대해서 오르테가는 다음과 같이 해명하고 있다.

> 만일 두 사람이 사과를 보고 있다고 한다면 그 두 사람 중 어느 사람도 그 사과의 동일한 면을 보지 못하고, 오히려 다소 다른 하나의 면을 볼 뿐이다. … 내가 사과의 제2면을 보고 있을 때 나는 이전에 내가 보았던 일면을 기억하고는 그것을 내가 지금 보고 있는 제2면에 첨부한다. 그러나 기억된 것을 실제로 보여진 것에 첨부한다는 이 행위는 나로 하여금 사과의 모든 면들을 동시에 볼 수 있도록 하지는 못한다. 그러므로 전체적인 통일체로서의 사과, 즉 내가 사과라고 말할 때 내가 이해하는 것으로서의 사과는 결코 나에게 현전하는 것이 아니고, 즉 근본적 명백성으로 나에게 대해서 현존하는 것이 아니고, 다만 기껏해야 제2급의 명백성으로서, 즉 우리가 어떤 사물에 관한 우리의 이전의 경험을 그것 가운데 보존하고 있는 명백성으로서 현존한다. 그러므로 사물의 일부에 불과한 것의 실제적 현전에다가 우리는 자동적으로 그 사물의 다른 부분을 첨가한다. 이러한 다른 부분을 현전이라고 하지 않고 공·현전이라고 말한다.[95]

사물의 전체성은 곧 현전과 공·현전의 형식을 그 통일적 구조로 가진다. 사물의 현전의 구조적 형식은 우리에게 대해서 현시성(Aktualität)에서 이해되고 공·현전의 그것은 습관성(Habitualität)에서 이해된다.96)

현시성은 사물의 현전하는 면과 그것을 관찰하는 나와의 즉시적 만남이고 사물의 일면과 나 간의 불가분리적 상관성이다. 습관성은 사물이 현전할 경우 현전하는 면 이외의 다른 면, 즉 우리에게는 보이지는 않지만, 그러나 이전에 보았고, 따라서 거기에 존재한다고 고려하는 바 지식이고 이미 축적된 경험이며 기억을 통해서 유추하는 개연적 지식이다. 그것은 다시 말해서 획득된 습관이다. 그러므로 그것은 현실적 의식을 가지고 있지는 못하다.

공·현전은 습관성 가운데 현존하고 내가 매순간 보지는 못하지만, 그러나 내가 이전에 보았거나 또는 원리적으로 그것을 나중에 볼 수 있음을 알고 있는 바의 그러한 것을 말한다. 이것을 다른 말로 표현한다면 잠재적이라고도 할 수 있을 것이다.

오르테가에 있어 세계의 형식적 구조는 이러한 현전과 공·현전의 형식으로 구성된다.

---

95) der Mensch und die Leute, 60-61쪽 / man and people, 63-64쪽.
96) 같은 책, 62쪽 / 같은 책, 65쪽.

2) 세계의 제2의 구조적 법칙

오르테가가 분석하고 있는 세계의 제2의 구조적 법칙에 의하면 이 삶의 세계는 두 개의 층(層, 거리 distance)을 가지고 있는데, 하나는 우리가 주의 깊게 보는 사물들이고, 다른 하나는 우리가 주의 깊게 보지 않는 사물들(우리의 주의를 끌지 않는 다른 사물들), 즉 우리가 보고 있는 사물들이 의지하고 있는 바 일종의 배경이다. 세계를 구성하는 일체의 사물은 우리들과의 상호관련을 가질 경우에는 반드시 배경에 의지해서 나타난다.

오르테가는 배경을 제2의 층(제2의 거리, second distance)이라고 규정하고, 이 제2의 층에 의지해서 바깥으로 표출되어 나온 가시적인 압(岬, Vorgebirge)을 제1의 층, 즉 우리가 주의 깊게 보는 사물이라고 규정하고 있다.[97]

오르테가에 있어 이 배경은 사물의 통일적인 질서로서 세계의 의미에서 해석될 때, 그것은 지평(Horizont)이라고 일컬어지고 있다. 우리가 어느 한 사물에 주의를 기울이고 있다고 말할 때 그 사물은 반드시 지평을 배경으로 삼고 나타난다. 그러므로 사물은 지평 내에서만 현전하지 않으면 안 된다. 오르테가는 세계의 구조에 관한 이러한 통찰을 다음과 같이 기술하고 있다.

> 사물의 배경인 제2의 층은 우리가 지평이라고 일컫는 바의 것이다. 우리가 의식하고, 우리가 주의를 기울이고, 우리가 관심을 가지는 일체의 것은 지평을 가지고 있다. 그것

---
97) W.i.P. 382쪽 / What is Philosophy, 96쪽.

은 지평으로부터 그리고 지평의 내부에서 나타난다. … 지평은 항상 우리에게 대해서 현존하며, 우리는 지평을 삶에 있어 매순간 주역을 연출하고 있는 이것 저것 또는 다른 사물들로 말미암아 우리의 주의가 바로 그러한 사물에 기울여지고 있기 때문에 주의를 기울이지 않는 그 무엇으로서 본다.[98]

오르테가에 있어 배경인 바 지평은 우리의 시계(視界)이고 그리고 배경 위에서 우리의 주의를 끄는 사물이 하나의 현전이라면 시계로서의 지평은 공·현전이다. 이 공·현전의 한 현상으로서 지평은 세계의 제1의 구조적 법칙에서 본 바와 같이 원리적으로 언젠가 우리의 안전에 직접적으로 명료하게 보는 소여가 되지만, 그러나 궁극적으로는 그 지평이 하나의 소여를 둘러싸버린다. 따라서 지평은 무한정으로 우리에게 대해서 잠재성의 배경으로 남는다.

---

[98] der Mensch und die Leute, 63쪽 / man and people, 66-67쪽.

3) 세계의 제3의 구조적 법칙

오르테가에 있어 세계는 원근법으로 구성되어 있다. 세계를 원근법으로 보는 이유는 인간이란 무엇보다도 신체를 가진 존재자로서 다른 물체들 가운데 존재하는 존재라는 사실에 있다.99) 오르테가가 인간을 근본적으로 정신이나 영혼을 가진 존재로 보지 않고 신체를 가진 존재로 보고 있는 것은 그의 철학사상의 근본적인 골격을 이루고 있다. 그의 이러한 기본 입장에 대한 이해가 선행하지 않고는 생적 세계의 구조에 대한 파악은 불가능하다.

오르테가가 무엇보다도 인간을 신체적 존재로서 규정하는 이유는 촉각이 인간의 여러 감각의 조건으로서 가장 원초적이고 근본적인 감각이라는 엄청난 사실의 발견에 있다. 우선 내가 존재한다는 것이 데카르트처럼 내가 사유하는 데에 그 절대적인 확실성이 있는 것도 아니고 내가 나의 사지(四肢)를 보고 듣고 하는 데에 그 명증성이 있는 것도 아니다. 물론 내가 본다는 것, 즉 시각적 행위가 명백한 것은 사실이다. 그러나 오르테가는 시각적 행위가 우리의 지각 행위에 있어 원초적이거나 근본적이라고 주장한다면 그것은 커다란 오류라고 단언하고 있다. 나의 존재의 가장 절대적인 확인은 내가 나의 손으로 나의 사지를 촉지(觸知)하는 데서 연유한다. 인간의 지각 행위의 원초적 근본적 조건은 촉각에 있다. 촉각이야말로 가장 명증적이다. 일체의 사물에 대한 인간의 지각의 기초는 촉각에서 이루어지며 이 촉각에서 다른 모든 감각이

---

99) 같은 책, 68쪽 / 같은 책, 73쪽.

분화되어 나온다. 오르테가는 이러한 사실을 다음과 같이 천명하고 있다.

> 가시적인 것과 본다는 행위가 … 엄청난 명백성을 준다는 것이 사실이라고 하더라도 본다는 것이 가장 중대한 감각이라고 생각하는 것은 오류이다. … 보다 근본적인 견지에서 볼 때 사물들과 우리의 접촉의 결정적인 형태가 사실은 촉각이었다는 것은 명백하다. … 이 촉각으로부터 다른 감각들이 분화되어 나왔다. … 촉각은 우리가 촉지하는 사물과 우리의 신체가 항상 동시에 그리고 불가분리적으로 현전한다는 사실로 말미암아 다른 모든 현전의 양태와는 다르다.100)

촉각에 있어 촉지하는 신체와 촉지되는 물체 간의 관계는 순수한 시각에 있어서와 같이 환영과 우리 자신 간의 관계가 아니고 이질적 물체와 우리들 자신의 신체 간의 관계이다. 예컨대 우리가 손으로 어떤 물체를 촉지하고 나서 그 물체가 견고하다고 말한다. 이 경우 견고란 저항하는 그 무엇과 우리의 신체가 상호간에 동시적으로 현전하게 되는 그러한 현전성이다.101)

그러므로 대상에 대한 손의 촉지에 있어 우리는 우리를 압박하는 대상과 우리의 압박받는 근육을 동시적으로 감각한다.

이와 같이 오르테가는 인간의 지각 조건 가운데서 촉각이 가장 원초적이며 명증적임을 입증해 주었고 그리고 이 촉각

---

100) 같은 책 같은 쪽 / 같은 책 같은 쪽.
101) 같은 책 같은 쪽 / 같은 책, 72-73쪽.

을 근거로 해서 내가 신체, 그것이고 나의 신체와 공재하는 세계가 물체임을 확신시켜 주고 있다.

내가 신체 가운데 주입되고 감금된 채 살고 있는 바 그러한 신체는 나를 가차없을 정도로 공간적 인물로 만들고 있다. 신체는 나를 어떤 장소에 위치하게 하고 다른 장소로부터 제외시킨다. 다시 말해서 신체는 나에게 여러 장소에 편재하는 것을 허용하지 않으며 매순간 나를 못과 같이 한 장소에 고정시키고 다른 일체의 것으로부터 배제시킨다. 일체의 다른 사물은 다른 장소에 존재하고 나는 내가 존재하는 그 장소를 다만 보고 들을 수 있고 때로는 촉지할 수 있을 뿐이다. 내가 존재하는 장소를 우리는 "여기"라고 일컫는다. 오르테가는 "여기"라는 말로써 상당한 의미를 시사하고 있다.

> 나는 나의 장소를 변경시킬 수 있다. 그러나 그 장소가 어떤 장소이든지 간에 그 장소는 나의 "여기"일 것이다. 분명히 말해서 여기와 나, 즉 나의 여기란 일생 동안 불가분리적이다.102)

나의 여기가 가지는 의미는 세계란 근본적으로 원근법이고 세계 내에 삶을 영위하는 각인이 그의 고유한 원근법을 가진다는 사실을 시사하고 있다. 왜냐하면 타인의 "여기"는 나의 여기가 아니기 때문이다. 우리의 "여기"들이란 상호배타적, 상호침투불가능적, 상호이타적이다. 세계가 타자에게 출현하는 원근법은 항상 나의 원근법과는 다르다.103) 우리의 세계는 적절히 말해서 일치하지 않는다. 지금 나는 나의 세계에, 타

---

102) 같은 책, 70쪽 / 같은 책, 74쪽.
103) 같은 책, 71쪽 / 같은 책, 75쪽.

자는 그의 세계에 있다. 바꾸어 말하면 나는 타자의 외부에 존재할 뿐만이 아니고 나의 세계는 타자의 세계의 외부에 있다.104) 이런 점에서 우리는 두개의 외부(two outside ⟨fueras⟩)이고 근본적으로 이방인(Stranger, ⟨forasteras⟩)이다.105)

오르테가는 나의 "여기"의 설정에서 나의 원근법을 도출해내고, 따라서 타자들과의 이질성 및 이타성을 찾고, 실체의 장소 점유에서 나와 타자, 즉 이방인들 간의 거리의 원근을 발견하고 있다. 나의 신체가 어떤 장소를 점유할 때 그 점유된 장소, 즉 나의 신체와 그 장소 간의 불가분리성이 바로 나의 여기이다. 따라서 나의 여기에서 주위를 볼 경우에 "저기"(far, yonder)와 "거기"(there)가 나타난다. 나의 "여기"에서 상당한 거리에 있는 것이 "저기"이다. 이 "저기"는 곧 원(遠, farness, Fern)106)을 의미하고 "여기"와 "저기", 즉 "遠" 간에는 중간항(中間項, Mittelbereich, third term)인 "거기"가 있고, 그리고 거기란 나에게 있어 "여기"가 아니고, "근"(近), 즉 "바로 곁에"(close by ⟨proximo⟩)를 의미한다.107) "거기"란 우리가 인인(隣人, our neighbor, ⟨Projimo⟩)을 발견하는 장소이다. 이러한 사실에서 비추어

---

104) S.L.M. 66쪽.
105) der Mensch und die Leute, 71쪽 / Man and People, 75쪽 / S.L.M. 64쪽.
106) 같은 책, 같은 쪽 / 같은 책 같은 쪽. 이 近과 遠은 거리를 의미한다. 그러나 이 거리는 기하학적 거리도 물리학적 거리도 아니다. 그것은 내가 그 거리를 극복할 필요가 있거나 또는 극복하고자 할 경우 나는 그 힘과 시간을 크게 소비하여 그 거리를 통과하지 않으면 안 되는 그러한 거리이다.
107) 같은 책 같은 쪽 / 같은 책 같은 쪽.

볼 때 인간은 운명적으로 고독한 상태에 놓여 있다. 그러므로 인간은 탈고독화를 시도한다. 바로 여기에 삶의 사회성이 근원적으로 작용한다. 오르테가는 세계의 제3의 구조적 법칙에 대한 분석을 통해서 다음과 같은 의미를 특별히 시사하고 있다.

> 인간이 신체이다라는 것은 모든 사물들이 물체들일 뿐만 아니라, 세계 내의 모든 사물들이란 나와의 관련에서 위치한다는 사실까지도 수반한다. ……사물들이란 직접 간접으로 물체들이며 나와의 관련에서 위치해 있다는 사실로부터, 즉 나의 신체의 장소인 여기와 관련해서……위치해 있다는 사실로부터 사물들이란 산재해 있으며 그 각각의 사물은 세계 내의 일정한 지역에 위치해 있고 현존해 있다. 그러므로 사물들은 공간적 지역에 집합해 있다. 즉 사물들은 나의 세계의 이편 또는 저편에 속해 있다.108)

세계의 구조에 대한 이러한 분석에는 삶의 자기형성의 논리가 근원적으로 나의 운명적 고독성에 근거해 있다는 사실이 암시되어 있다. 나의 운명적 고독성에의 이해가 전제되지 않고는 인간의 진정한 삶의 형성이란 불가능하다.109)

4) 세계의 제4의 구조적 법칙

세계는 우리에게 긍정적인 측면에서 봉사하는 사물들과 부정적인 측면에서 방해와 곤란을 주는 사물들로 구성되어 있

---

108) 같은 책 같은 쪽 / 같은 책, 76쪽.
109) Man and Crisis, 91쪽.

다.110) 세계 내의 사물들은 우리들의 삶에 대한 도구이거나 또는 장애이다. 사물들의 존재도 사물들 각자의 존재에 있어서 그리고 그 자체에 있어서 존립하는 것이 아니고, 다만 "그 무엇을 위한 존재"(being for)만을 가지고 있다.111) 그러므로 오르테가는 다음과 같이 말하고 있다.

우리는 삶이라는 근본적 원초적 실재의 영역 내에서 사물들의 존재란 그 자체에 있어 상정된 존재가 아니고, 그 무엇을 위한 명백한 존재, 즉 그 사물들이 우리에게 봉사하거나 또는 우리를 방해하는 존재라는 사실을 발견한다.112)

오르테가에 있어 실용물(Pragmata), 관심사(Angelegenheit), 또는 중요사(Anliegenheit)로서의 사물들의 존재란 실체성(Substantialität)이 아니고 그것의 부정적 형태로서의 비봉사성, 즉 우리에 대한 곤란, 방해, 손해와 봉사성 또는 예속성이다. 봉사성과 비봉사성이 우리와 생적 관련을 가지는 사물들의 존재라면 삶의 세계란 곧 도구연관의 세계로서 이해되고 있다. 세계는 봉사성과 비봉사성으로 무수히 연결되어 있는 "그 무엇을 위한 수단"(Mitteln für)의 연쇄로 구성되어 있다. 오르테가는 이러한 견해를 다음과 같이 밝히고 있다.

사물들의 봉사성을 분석하면 각각의 사물은 다른 사물에게 봉사하고 이 다른 사물은 연이어 제3의 사물에게 봉사하

---

110) 같은 책, 74쪽 / 같은 책, 80쪽.
111) 같은 책 같은 쪽 / 같은 책 같은 쪽.
112) 같은 책 같은 쪽 / 같은 책, 79쪽.

며, 그리고 우리가 인간의 목적성에 도달할 때까지 무엇을
위한 수단의 연쇄(chain)를 이룬다.113)

오르테가는 사물들을 이와 같이 삶에의 봉사성에서 이해하
고 있기 때문에 세계 내의 모든 사물들은 여러 실용적 장들에
배속되어 있다고 말하기도 한다. 각 사물은 자기 자신만으로
어느 한 장소를 점유하는 것이 아니고, 우리의 신체와 이런저
런 형태로 관련을 가지고, 즉 그것이 우리에게 대해서 봉사성
또는 비봉사성의 형태로 관련을 가지고 어떤 장소 또는 지역
을 점유하고 있다. 엄밀히 말해서 각 사물은 우선 나의 신체
와의 접촉에서 일어나는 순수충돌(reiner Anprall)이다. 그
러므로 그것은 순수역학(reine Dynamik)이다. 오르테가가
사물을 실용적 장이라고 말할 때 거기에는 우리에 대한 사물
의 긍정 및 부정과 관련한 역학적인 의미가 나타나 있다.114)

그러므로 우리에게 나타나는 각 사물은 우리에게는 세계를
점유하는 실용적 장들 또는 지역들 가운데 하나에 속하는 것
으로 나타난다. 다시 말해서 우리가 사물을 인지하자말자 곧
우리에게는 우리로 하여금 그 사물을 장 또는 그 사물이 속하

---

113) 같은 책 같은 쪽 / 같은 책 같은 쪽. 오르테가는 사물의 봉사성을
"무엇을 위한 수단의 연쇄"라는 측면에서 설명하고 있다. 이 구체적인
실례는 이 독문, 영문 저서에 여러 페이지에 걸쳐서 열거되어 있다.
여기서는 그것의 서술을 생략한다. 이 봉사성이라는 개념은 하이데거
의 「Sein und Zeit」 가운데 「die Weltlichkeit der Welt」를 분
석하는 장에서 더욱 상세하게 체계적으로 천명되어 있다.
114) 같은 책, 76쪽 / 같은 책, 80-81쪽. 오르테가에 의하면 사물이란
실용적 장 대신에 실용적 지역이라는 말로도 표현될 수 있다. 그러나
순수역학 관계에 의하여 구축된 범위를 표현하는 최근의 물리학의 용
어를 채용하여 그는 특히 장이라고 말하고 있다.

는 삶의 측면에 관계시키도록 하는 하나의 움직임이 있게 된다. 따라서 명칭이 붙여진 사물은 삶의 이 측면 또는 저 측면에 속한다. 예컨대 만일 누군가가 지금 의상에 관해서 말한다면 그에게 귀를 기울이고 있는 여성들은 뱃머리와도 같이 의상의 우미(優美)라는 삶의 측면을 향해서 그들의 마음을 돌릴 것이다.115) 그러므로 우리의 삶의 세계와 그 세계 내에서의 우리의 삶은 실용적인 장이라고 일컬어진 여러 가지 측면의 방위결정(Orientierung)에 의하여 구성된다.116)

2. 세계의 내용적 구조

세계 내에는 많은 사물들이 출현하고 그 자신을 드러내면서 외재(外在)한다. 그러므로 인간은 세계의 내용인 이러한 사물들과 어떤 형태로이든 일정한 관계를 형성하게 된다. 이 관계는 한 말로 표현해서 생적 관계이다. 이 생적 관계 가운데는 특히 삶의 사회성을 나타내는 생적 관계가 있다. 이러한 사회적 관계는 단순히 세계 내 일체의 사물들과의 관계에서 성립되는 것이 아니다.

생적 세계의 내용물은 무수히 많지만 삶의 사회성을 띠는 그러한 생적 관계를 가지는 사물은 나와 유독히 타자들 이외는 전혀 없다. 물론 나와 타자들 이외에도 나와 다른 사물들과의 생적 관계가 역시 형성되기도 한다. 그러나 이러한 생적 관계는 엄밀한 의미에서 삶의 사회성을 가지는 생적 관계의

---

115) 같은 책 같은 쪽 / 같은 책 같은 쪽.
116) 같은 책, 77쪽 / 같은 책, 82쪽.

범주에는 포함되지 못한다. 그렇다면 생적 관계를 구성하는 내용물 가운데서 어떤 사물들과의 관계가 참으로 삶의 사회성을 띠는 생적 관계인가?

오르테가는 우선 생적 세계의 내용을 형성하는 사물들을 크게 구분하여 광물, 식물, 동물, 인간 등이라고 말하고 있다.117) 오르테가는 이러한 내용물 가운데 어느 사물과의 관계가 진정한 의미에 있어 삶의 사회성을 나타내는 생적 관계인가를 파악하기 위해 우선 무생물로서의 돌, 생물로서의 동물과 인간 간의 관계에 대한 분석을 시도하고 그리고 이러한 분석에서 삶의 사회성을 드러내는 관계가 있는지 어떤지를 음미하고 있다.

1) 인간과 무생물 간의 관계

무생물로서 돌의 면전에서 우리 자신의 태도가 사회적이라고 일컬어질 수 있는지 어떤지를 우리 스스로 물어보면 분명히 그렇지 못하다는 사실을 알게 된다.

우리는 돌이 돌 그 자체에 대한 우리의 행동에 대해서 인지하지 못하고 있음을 알고 있고 그리고 우리는 돌을 때리고 있는 동안 돌의 행동은 쪼개지고 분쇄되어 버리는데 있음을 알고 있다. 왜냐하면 그것이 돌의 가차없는 역학적인 조건이기 때문이다. 돌에 대한 우리의 행동은 우리에 대한 그리고 우리를 향한 그 돌 쪽으로부터의 그 상응하는 행동을 환기시키지 못한다. 돌은 결코 행동 능력을 가지고 있지 못하다. 엄밀히 말해서 우리는 우리로부터 돌에 가해져서 일어나는 것을 — 고통의 의미에 있어서 — 수난이라고 일컬을 수 없다.

---

117) 같은 책, 80쪽 / 같은 책, 84쪽.

돌은 행동도 고통도 없다. 돌의 내부에는 어떤 역학적 효과가 야기될 뿐이며, 그것이 돌의 전부이다. 그러므로 돌과 우리와의 관계에 있어 우리의 행동은 단지 한 방향만을 가지고 있다. 즉 우리의 행동은 돌에 대해서 일방통행이며 단순히 그것으로 끝나버릴 뿐이다. 오르테가는 나와 돌 간의 관계에 대해서 종국적으로 다음과 같이 규정하고 있다.

> 돌은 나에게 있어서는 돌이지만, 그러나 돌에게 있어서 나는 결단코 아무것도 아니다. 그러므로 이 이원적인 복수형에 의하여 표현되는 공통성의 가능성, 즉 돌과 나 간의 공통성의 가능성이란 없다.118)

오르테가는 이와 동일한 일이 식물들과 광물들 간에도 사실로서 적용된다고 주장한다. 따라서 인간과 광물 및 식물 간에는 삶의 사회성을 의미하는 생적 관계란 성립하지 않는다.

2) 인간과 동물 간의 관계

우리가 동물을 만날 때 돌을 직면할 때와는 전혀 다른 경험을 가진다. 가령 돌의 면전에서 돌과의 현실적 관계를 서술하고자 할 때 우리가 "우리는 ― 돌과 나는 ― 둘이다"라고 말한다면 이 말은 부적절하다. 그 이유는 "우리는 … 이다."(Wir sind)라는 이 복수형에 있어서(이 경우 이 복수형은 둘이거나 또는 단지 둘의 복수에 불과하다.) 우리는 존재상 우리 자신을 돌과 통합하거나 또는 동일시하고 있기 때문

---

118) 같은 책, 81쪽 / 같은 책, 86쪽.

이다. 그런데 우리와 동물 간의 현실적 관계를 말하면서 "우리는 — 동물과 나는 — 둘이다"라고 말하는 것은 "우리는 — 돌과 나는 — 둘이다"라고 표현한 기술에 있어 전적으로 결여하고 있는 바 그러한 의미를 가지고 있다. 동물과 나는 "우리"(Wir)이다. 왜냐하면 동물과 나는 상호적이기 때문이다. 즉 나는 동물에 대한 나의 행위에 응하여 그 동물 자신이 나에게 반응을 나타낼 것이라는 사실을 매우 잘 알고 있기 때문이다. 동물과 인간 간의 이러한 관계를 오르테가는 다음과 같이 밝히고 있다.

> 동물과 인간 간의 이 관계는 우리가 상관성 또는 상호성이라고 일컫지 않으면 안 되는 현실이다. … 동물은 나에게 반응을 나타내는 사물로서 나타난다. 이런 의미에서 동물은 단순히 나에게 대해서 현존할 뿐만이 아니고, 나 역시 동물에 대해서 현존하기 때문에 나와 더불어 공존하는 그 무엇으로서 나타난다.[119]

동물과 내가 상관적 관계를 가지면서 공존한다는 점에서 이 관계는 돌과 나 간의 관계와는 전혀 다르다. 동물과 나 간의 상호반응이라는 이 두 개의 행동, 즉 동물과 나 간의 공동행동으로부터 나오는 기묘한 행동, 그것은 진정한 협력(ein echtes Zusammenwirken)이다. 예컨대 나는 노새의 뒷발차기를 발견하고 그리고 노새의 뒷발차기는 나로 하여금 나의 거리를 유지하도록 환기시킴으로써 노새를 향한 나의 행동과 협력한다. 이 행동에서 우리는 서로 고려하지 않으면 안

---

[119] 같은 책, 82쪽 / 같은 책, 87쪽.

된다. 즉 우리는 상호적으로 존재하고 그리고 나와 나의 협력자인 노새는 공존한다.120)

동물과 인간 간의 이러한 관계는 광물 및 식물 간의 관계와는 다르며 동시에 동적이며 극적이기도 하다. 그러나 이 관계가 역사 창조의 기초로서의 사회적 관계가 되기에는 엄청난 한계가 있다. 오르테가는 인간과 동물 간의 사회적 관계의 한계를 두 가지 측면에서 논구하고 있다.

첫째는 나와 동물 간의 공존의 규모상 그 한계가 뚜렷하다는 점이다. 예컨대 동물이 나를 보고 나에게 오거나 나로부터 도망하며, 나를 사랑하거나 나를 두려워하며, 나의 손을 핥거나 나를 물며, 나에게 순종하거나 나에게 공격하는 따위의 방식으로 나에게 보답한다. 이러한 반응을 통한 나와 동물 간의 공존상의 규모는 너무나 제한되어 있다.

나는 동물을 훈련시키거나 길들일 수 있으며, 따라서 동물이란 나의 무수한 제스처와 다른 행동들에 대해서 상응부합한다는 사실을 상상할 수 있다. 그러나 나는 곧 길들여진 상태에서의 동물은 그 자신으로부터 반응을 나타내는 것이 아니고, 오히려 순수한 기계가 된다는 사실을 (앵무새가 항상 동일한 것을 프로그램에 따라서 지껄이는 것은 축음기와도 같이 내가 디스크를 얹어 놓는 그러한 기계가 된다는 사실을) 인식한다.

둘째는 내가 동물과 함께 공존한다는 것은, 즉 내가 행할 수 있는 유일한 것은 나 자신의 삶을 원초의 단계로 환원시키는 것이라는 점에서, 즉 내가 다른 한 동물이 될 때까지 나의

---

120) 같은 책, 96쪽 / 같은 책, 102쪽.

지성을 흐리게 하고 나의 상식을 혼란하게 만드는 것이라는 점에서 나와의 사회적 관계의 불성립을 찾아볼 수 있다.121)

이와 같이 우리는 생적 세계의 내용을 형성하는 사물들로서 광물, 식물, 동물과 나 간에는 어떤 형태이든 — 광물 및 식물과 나와의 관계는 일방통행적 관계이고 동물과 나와의 관계는 상호성을 가지는 관계이지만 — 하나의 관계가 이루어지지만, 그것이 나의 삶의 사회성을 의미하는 관계가 되기에는 불충분하고 한계를 지닌다. 엄밀한 의미에 있어 그것이 나의 생적 세계의 내용을 형성하는 사물들로서는 근본적인 의미를 가질 수 없다.

우리는 오르테가의 이러한 분석적 고찰로부터 생적 세계의 내용적 구조를 충만시키는 현상이란 무엇보다도 나와 타자들 간의 극적인 관계이다는 사실을 알 수 있다.

3) 타자의 출현과 우리들 각인의 상호적 관계

오르테가는 나의 지평이 둘러싸는 지역에서 그 어떤 사물들보다도 최초에 나에게 대해서 출현하는 존재자는 타자들이라고 말하고 있다.122)

오르테가는 우선 나에게 대한 타자들이란 무엇인가를 이해하기 위해서 형식적 구조의 제1법칙인 이른바 현전과 공·현전의 도식을 타자들에 대한 이해 형식에 적용하고 있다. 그의 이해 방식에 따르면 타자들이란 감각적 현전으로서의 신체와 공·현전으로서의 순수한 내면성과의 전체성이다. 타자가 나에게 대해서 최초에 현전할 때 내가 만나는 것은 바로 그 신

---

121) 같은 책, 83쪽 / 같은 책, 88쪽.
122) 같은 책, 98쪽 / 같은 책, 105쪽.

체, 즉 그 특유한 형태를 드러내면서 움직이고, 나의 시계 가운데 있는 사물들을 조작하고 외적 가시적 행동을 나타내는 신체이다. 이 신체가 나에게 최초에 현전한다고 하더라도 이 현전을 통해서 본질적으로 눈에 보이지 않는 그 무엇이 감지된다. 그것은 우리들 각인이 그 자신에 대해서만 직접 알고 있는 그러한 사고, 감정, 욕구 작용이다. 그것은 타자들에 대해서 결코 직접 현전될 수 없다. 오르테가는 이것을 규정하여 다음과 같이 말하고 있다.

> 각인의 사고, 감정, 욕구 작용은 비외적이며 공간을 점유하고 있는 것도 아니고 감각적 성질들을 소유하고 있는것도 아니기 때문에 직접 외면화 될 수도 없다. 그러므로 그것들은 세계의 모든 외면성과는 대조로 순수한 내면성이다.[123]

지금 정지하고 있거나 운동하고 있는 타자의 신체란 타자의 내부에서 일어나고 있는 것과 관련한 가장 다양한 신호를 우리에게 부단히 보내고 있는 풍부한 신호기이다. 그러나 이와 반대로 내면성은 현전이 아니고, 우리가 보지 못하는 사과의 면과도 같이 공·현전이다.[124]

타자의 내면성은 그 자신을 결코 현전할 수 없다. 내가 인간의 신체를 발견할 때면 언제나 나는 내면성을 거기에서 발견한다. 저 신체의 외모, 신체의 흉내, 무언극, 신체의 제스처와 낱말들은 명백하지는 않지만, 그러나 나 자신의 내면성과도 같이 내면성을 바깥으로 나타낸다. 이러한 점에서 신체

---

123) 같은 책, 85쪽 / 같은 책, 91쪽.
124) 같은 책, 86-87쪽.

는 풍요한 표현의 장(Ausdrucksfeld) 또는 표현성의 장(ein Feld der Ausdrucksfkraft)이다.125)

우리들 각인이 자기 자신 앞에 출현하는 다른 신체와 그 신체의 표현성을 통해 다른 내면성을 추정함으로써 나에게 대해 의심할 여지가 없는 이를테면 자명한 사실로서 이해되는 나의 삶 이외에 다른 인간적 삶이 공·현전함을 관찰할 수 있다. 이 각인의 인간적 삶은 나의 삶과는 교섭이 없는 그 자체의 세계를 가지고 있다. 나의 삶과 그 가운데 있는 일체의 것이 나에게는 명백하고 나의 것이기 때문에 내재적인 데 반해서, 다른 인간적 삶의 간접적 현전 또는 공·현전은 나의 삶을 초월하는126) 그 무엇으로서 나를 깜짝 놀라게 하고 있고 또 나와 대치하고 있다.

나의 삶에 있어 명백한 것은 다른 인간적 삶이 있다는 통지, 즉 신호이다. 그러나 인간적 삶은 그 근원성에 있어 단지 나의 것에 불과하고 그 이외의 삶도 나 자신과 같은 타자들의 삶이다. 그러므로 각인은 각인의 삶이다. 그러므로 오르테가는 다음과 같이 말하고 있다.

> 타자들의 삶은 나의 외부에 또는 나의 저편에 나를 초월해서 위치해 있다. 그러므로 타자의 삶은 초월적이다.127)

타자의 삶은 나의 삶이 나에게 대해서 명백한 실재인 것처럼 명백한 실재가 아니다. 그러므로 타자의 삶은 단지 추정되

---

125) 같은 책, 87쪽 / 같은 책, 93쪽.
126) 같은 책, 89쪽 / 같은 책, 95쪽.
127) 같은 책, 89쪽 / 같은 책, 95쪽.

거나 예측된 실재에 불과하다. 즉 그것은 개연적 실재이긴 하지만, 그러나 근원적, 확정적, 본원적 의미의 실재는 아니다.

그런데 타자의 신체는 나에게는 근본적, 의심할 여지없는 실재이지만, 그러나 유사자아(類似自我), 즉 유사인간적 삶(Quasi-I, a Quasi-human Life)이 그의 신체 가운데 살고 있다는 것은 이미 나의 쪽에서 본 해석이다. 그러므로 이 타자의 인간적 삶의 실재는 나의 삶, 나의 자아, 나의 세계라는 일의적 실재와 비교할 때 제2급의 실재에 불과하다.

그럼에도 불구하고 나는 이러한 타자와 교제할 수 있고 교제하지 않으면 안 된다. 왜냐하면 모든 각인은 최초에 가족 가운데 태어나고 그 가족 자체는(가족 역시 나 자신에 대해서 타자이며) 결코 고립 가운데 존재하지는 않기 때문이다. 다시 말해서 우리들 각인은 인간들 가운데 태어나며 그 인간들은 각인이 만나는 최초의 것이기 때문이다.[128] 즉 내가 바야흐로 살아갈 세계는 최초에 인간들로 구성된 세계이기 때문이다. 이러한 근거에서 볼 때 인간은 일방과 교제하는 타자로서의, 상대자로서의 사회성 가운데 나타난다. 그러므로 오르테가는 다음과 같이 주장하고 있다.

나는 단수 복수의 타자들 가운데 태어나서 삶을 살기 시작한다. 그러므로 나는 최초에 나 자신을 인간의 세계 또는 사회 가운데서 발견한다.… 이 인간의 세계는 나의 세계의 퍼스펙티브에 있어 제1국면(the first distance) 또는 전경(foreground)을 차지하고 있기 때문에 세계의 다른 부분, 나의 삶, 나 자신을 타자들을 통해서 본다.[129]

---

128) 같은 책, 104쪽.
129) 같은 책, 132쪽 / 같은 책, 144쪽.

우리의 삶에 있어 인간의 세계는 동물, 식물, 광물 등의 세계에 선행한다. 우리는 감옥의 창살을 통해서 바깥 세계를 보듯이 우리가 태어나서 살아가는 바 인간의 세계를 통해서 세계의 다른 모든 부분을 본다. 다시 말해서 우리는 우리들 각인의 직접적 세계 내에서의 상호간의 대화를 통해서 하나의 관념을 가지게 된다. 우리들 각인은 이러한 수용된 관념을 통해서 세계 전체를 본다. 이것은 말하자면 타자의 출현이 항상 우리의 삶의 직접적 배후에서 이루어지고 있다는 사실을 의미한다.

이러한 점에서 오르테가는 우리들 각인이란 본래적으로 타자에게로 개방되어 있다고 말한다. 예컨대 앞에서도 잠시 언급했지만 인간이 세계 내에 태어나면 최초에 가족을 발견하게 되며, 따라서 일차적으로 가족과의 교제가 이루어진다. 우리들 각인은 본래적으로 자기 자신을 인지하기 전에 타자와의 근원적 관계를 가진다. 오르테가는 이러한 현상을 이타주의(Altruismus)라고 일컫고 있다.

> 인간은 생래적으로 타인에게, 즉 생소한 존재자(der fremdes Wesen)에게 개방되어 있는 존재자이다. 다시 말해서 우리들 각인이 자기 자신을 인지하기 이전에 각인은 이미 "나" 아닌 타인들이 존재하고 있다는 근원적 체험을 가지고 있었다. 덧붙여 말하면 인간은 타인에게, 즉 자기 자신이 타방(Alter)에게 생래적으로 개방되어 있기 때문에 좋든 싫든 간에 이타주의자(Altruist)이다.[130]

---

130) 같은 책, 98-100쪽 / 같은 책, 106쪽.

타자에게 개방되어 있다는 것은 타자들과 관계를 가지는 특정의 행동이 아니고 인간의 항구적 본질적 상태이다. 따라서 타자들에 대해서 호의를 가지든 적의를 가지든 간에 타자들에게 그 무엇을 행하는 것은 개방성의 예비적 무활동의 상태를 전제한다. 이 개방성의 상태는 적절히 표현해서 아직 사회적 관계가 아니다. 왜냐하면 그것은 어떤 구체적 행위에도 한정되어 있지 않기 때문이다. 이 개방성의 상태는 모든 가능한 사회적 관계의 모체(母体, Matrix), 즉 단순한 공존이다. 달리 표현하면 그것은 나의 삶의 지평 내에서 단순한 현전과 타자들의 공·현전이다. 이 현전에 있어 타자에 대한 나의 태도는 어떤 행동으로도 응축된 것도 아니고 타자에 대한 나의 순수한 인식이 구체화되는 것도 아니다. 이 개방성의 상태에 있어서 타자는 나에게 있어 아직 다만 추상적인 실재에 불과하다. 이 단계에서 타자는 단지 그 타자에 대한 나의 행동들에 대해서 응답할 수 있는 자에 지나지 않는다. 타자와 나와의 이 관계는 비록 상호관련되어 있다고 하더라도 서로 다른 계열의 점진적 구체화 및 결정화의 출발점이다. 우리는 이 개방성의 단순한 상태를 출발점으로 해서 우리들 각인이 타자와 함께 세계 내에서 공존하고자 한다면 나와 타자는 함께 그 무엇을 행하지 않으면 안 된다. 이것은 - 우리들 각인의 삶이란 근원적으로 고독하기 때문에 - 우리들 각인이 그 근본적인 고독의 심저에서 상호침투하고자, 즉 우리들 각인이 자기 자신을 잠정적으로 타자에게 나타내 보임으로써 그리고 타자에게 우리들 각인의 삶을 부여하고 타자의 삶을 받아들이고자 욕구함으로써 우리들 각인 자신을 비고독화시키고자 시도하는 것을 의미한다.131)

내가 타자에게 개방되어 있음을 이타주의라고 일컫는다면 (오르테가에 있어 개방성의 상태란 수동적인 상태를 말한다) 서로간의 상호적 존재는 우리主義(Nostrim, Nostrismus) 또는 우리性(Weity, nostrity, Wir-Verhältnis)이라고 일컬어진다.132) 이 개방성의 상태에서 비고독화의 전진을 감행할 때 타자와 내가 상호간에 서로를 고려하고, 상호반응을 나타내고, 그리하여 이 세계 내에서 함께 삶을 영위하게 된다. 이러한 존재방식으로서의 "우리性"이야말로 타자와의 구체적 관계의 제1형식이며, 따라서 제1의 사회적 실재이다. 다시 말해서 "우리주의" 또는 "우리성"에서 비로소 사회라는 형태가 형성된다.133)

우리가 함께 살고(we together live) "우리"라는 실재가-나와 타자가-존재할 때 비로소 우리는 서로를 알게 된다. 나와 타자가 "우리성"을 가질 때까지는 타자란 지금까지 불특정한 인간에 불과하고 다만 나로서는 그의 신체로부터 판단하건대 내가 나의 "동료"(my fellow)라고 일컫는 자에 지나지 않는다는 사실만을 알 뿐이다. 그러나 우리성을 가지는 타자란 나에게 반응을 나타내고 나로서는 그의 의식적인 반응을 고려하지 않으면 안 되며 그리고 좋든 나쁘든 간에 그와 교제하기를 계속할 때 나에게 대해서 보다 특정인이 된다. 따라서 나는 점차 그를 잘 모르는 다른 타자와 구별짓게 된다. 바꾸

---

131) 같은 책, 같은 쪽.
132) 같은 책, 103쪽 / 같은 책, 109쪽.
133) 오르테가는 "우리성"이란 사회의 진정한 실재라고 단언한다. 예컨대 돌과 관련한 우리성이란 없다. 동물과 관련해서는 매우 한정되고 혼란되고 산만되고 의심쩍은 우리성이 있을 뿐이다. 오르테가는 "우리성"을 근본적 기준으로 해서 사회의 정체를 규명하고자 시도한다.

어 말해서 "우리"라는 교제가 번번이 일어나고 계속한다면 타자는 그 교제에 있어 나에게 대하여 점점 분명하게 된다. 어떤 인간, 추상적 동류, 불특정의 인간적 개체가 점진적 확정화의 여러 단계를 통과함으로써 나에게 대해 보다 더 잘 알려지게 되고 인간적으로 보다 근접하게 된다.

오르테가는 교제상의 이 엄청난 강도를 인간적 근접성으로 이해한다. 따라서 그는 상호교제와 상호인식의 근접성이 정점에 이르게 되는 순간을 친밀성이라는 말로 표현한다. 불특정의 타자가 상호교제상의 근접을 통해서 친밀성의 단계에 이르게 될 때, 타자는 나에게 대해서 "너"가 된다. "너"는 단순히 인간이 아니고 유일독특한, 절대로 타인과 혼동할 수 없는 인간이다. "너"란 곧 친밀성의 타자이다. 오르테가는 이러한 관점을 다음과 같이 밝히고 있다.

근접성의 최고의 단계를 나는 친밀성 또는 내면성이라고 일컫는다. 타자와 나의 교제가 친밀할 때 타자는 내가 어떤 타자와도 혼동할 수 없는 개인, 즉 내가 어떤 타자로서도 대치할 수 없는 개인이 된다. 그는 유일무이한 개인이다. 그러므로 생적 현실 또는 공존의 경계의 내부에서 우리, 타자는 "너"가 된다.134)

이러한 현상은 나와 한 사람만의 타자에게만 일어날 뿐만 아니라, 나와 수많은 타자들 간에도 일어나기 때문에 인간의 세계는 나에게 대해서 친밀도의 대소(大小)의 퍼스펙티브, 인정(人情)의 친소(親疎)의 퍼스펙티브로서 열린다.(so tut

---

134) 같은 책, 135쪽 / 같은 책 146-147쪽.

sich denn vor mir die Welt der Menschen als eine Perspektive auf, in der es ein größeres oder geringeres Maß an Intimät und Einzigkeit gibt, kurzem als eine Perspektive nächern oder ferneren Menschentums.)

오르테가는 이 친밀도(親密度)의 대소의 퍼스펙티브를 다음과 같이 원(圓, circle)으로 나타내고 있다.135)

제1원 : 타자에게 생래적으로 개방되어 있으며 스스로에 순응하는 "나"라는 근본적인 서클이다.
제2원 : 나에게 대해서 가장 가까운 서클로서 "너", 즉 나에게 대해서 유일무이한 개인들로 충만된 그러한 인간들의 지평으로서 나타나는 세계이다. 이 서클은 친밀도가 가장 높은 퍼스펙티브이다.
제3원 : 친밀도가 높은 개인들의(너의) 저편에 있는 서클로서, 내가 전혀 모르는 타자들에 의하여 점유된 세계이다. 이 원형지대는 나의 인간적 주위 세계의 지평, 즉 나에게 대해서 불특정적이고 교환가능한 개인들의 장소이다. 여기에는 내가 현실적인 교제에 들어가지 않은 타자들, 이른바 순수한 타자들(Pure Other)이 존재하는 지대이다. 이 지대는 적과 동지가 구별되지 않는, 이른바 친밀성의 영점지대(零点地帶, a zone of zero in intimacy)이다.

오르테가는 "나"라는 제1원으로부터 지평을 향해서 멀어질수록 위험도가 증대하며 반대로 타자군(他者群)으로 이루어

---

135) 같은 책, 136쪽 / 같은 책, 147쪽

진 미지의 서클로부터 나에게로 가까워올 수록 위험도는 줄어들고 동시에 친밀도가 극대화된다고 주장하고 있다.

친밀도의 영점지대에 이르면 여기에는 순수한 타자들이 있다. 이 순수한 타자들이란 잠정적으로 나의 가능적 친구이거나 나의 가능적 적이라고 말하고 있다. 순수한 타자가 이럴 수밖에 없는 것이 앞에서도 언급한 바와 같이 순수한 타자는 나에게 대해서 미지이고, 순수한 타자가 무엇을 할 수 있으며, 나에게로 향한 순수한 타자의 행위가 무엇일 것인지를 예측할 수 없음으로 해서 순수한 타자에 대해서 단지 공허한 개념만을 가지고 있기 때문이다.[136]

이와 같이 우리가 순수한 타자에게 귀속시킨 무한의 인간적 가능성들이 부단히 축소되고 그것이 축소됨에 따라서 모든 너가 우리들에 대해서 가지는 것인 바 가능성들 및 여러 불가능성의 명확한 체계가 점차 구체화 될 때 너가 나에게 대해서 점점 명료하게 된다. 이 축소, 구체화 및 확정화는 타자와 우리들 간의 빈번한 교제에서 일어난다.[137] 실제적인 의미에 있어 타자가 나에게 대해서 "너化"(you-ify)하는 최초의 단계는 내가 타자의 얼굴, 타자의 제스처, 타자의 동작을 보며, 그러한 것들 가운데 나는 타자의 내부에서 무엇이 계속 일어나고 있는가를 많이 읽으며 이와 동시에 타자가 그의 삶을 살고 있는 것을 보는 일이다. 다시 말해서 타자의 안면 근육의 특정한 자리에서 나는 슬픔을 읽으며 다른 자리에서는 기쁨을 읽는다. 타자의 이러한 외적 행위, 얼굴, 제스처들은

---

136) 같은 책, 138쪽 / 같은 책, 150쪽.
137) 같은 책, 142쪽 / 같은 책, 154쪽.

나로 하여금 나에게 대해서 너가 되는 과정 중에 있는 타자의 삶을 목격할 수 있게 해준다.138)

이와 같이 친밀성의 영점지대에 있는 순수한 타자에 대한 우리들 각인의 인식은—적극적인 친밀도의 단계에 있는 너에 대한 인식이 각인의 직관적인 이해에 의존하는 데 반해서—이성적 이론적 이해 또는 일반적 지적 체험에 근거한다.139)

여하튼 인간은 자기 자신이 이 세계 내에서 영위하는 삶을 어느 누구에게도 양도할 수 없음으로 자기 혼자 자기의 삶을 형성해야 한다는 점에서 인간의 삶은 근본적으로 고독하다. 따라서 인간은 자기의 고독이 타자의 고독에 접근하여 탈고독화를 시도하며, 그 하나로서 직관적 이해나 또는 이성적 이해를 통해 타자와의 개인적 상호관계를 가진다.

「나의 고독」이 「타자의 고독」에로 접근하는 도상에서 나는 타자의 일체의 외적 행동을 발견하며 그리고 어떤 형태로서이든 타자의 외적 행동들은 비로소 나 자신의 의미성 또는 존재성을 인식시켜준다. 다시 말해서 타자의 "표현의 장"으로서 신체의 동작, 표정, 언어 등은 인간으로서의, 즉 자아로서의 나의 한계와 나의 구체적 형상을 나로 하여금 깨닫게 해준다. 오르테가는 이와 같은 현상을 다음과 같이 실례를 들어서 해명하고 있다.

> 타자와 나의 사회적 관계는 항상 다소 투쟁이며 충돌이다. 그러나 너와의 이 투쟁과 충돌에서 나는 점차 하나의 인간으로서의, 자아로서의 나의 한계와 나의 구체적 형상을 발견한다.… 너의 수학적 재능은 내가 전혀 가지고 있지 않

---

138) 같은 책, 같은 쪽 / 같은 책, 154-155쪽.
139) 같은 책, 140쪽 / 같은 책, 152쪽.

는 것임을 나에게 보여준다. … 너의 강인한 의지는 내가 나약한 사람임을 나에게 보여준다. 분명히 그 반대도 역시 사실이다. … 이리하여 나라는 것, 나의 자아가 점차 나에게 대해서 어떤 형태로 나타난다는 것은 너의 세계 가운데서이며 또한 너로 인해서이다. 그러므로 나는 나 자신을 무수한 너들 가운데 하나로서 발견한다. 그러나 나는 나 자신을 그들 모두와 다른 것으로서, 즉 나의 재능과 결점을 가지고 있는 자로서 독특한 성격과 행위를 가지고 있는 자로서 발견한다.140)

이와 같이 우리들 각인은 타자들이 행하는 것을 보고, 타자들이 말하는 것을 듣고, 그리하여 결국은 그 모든 것을 나의 삶이라는 근본실재에 투영한다. 그 때문에 근본실재로서의 나의 삶은 타자들의 책동과 의견들로부터 수용한 것으로 구성된 표피에 의하여 나 자신의 눈으로부터 은폐된다.

나는 세계와 나의 삶과 나 자신을 타자들의 방식에 따라서 본다. 나는 이 모든 것을 타자들에 의하여 채색된 것으로서, 타자들의 인간성으로 충만된 것으로서 본다. 그러나 이러한 타자지향적 인간화는 진정한 자기형성의 내용이 되지 못한다. 타자들에 의하여 나에게 대하여 인간화된 이 세계는 나의 진정한 세계가 못된다. 그러므로 이 세계는 다소 개연적이며 그 대부분이 환영에 불과하다.

우리들 각인은 타자들에 의하여 이러한 개연적인 세계 내에서 인습적으로 살도록 길들여지게 된다. 그러나 나의 인습성에의 순종 또는 타자들의 행위와 언표가 나를 모순적이며

---

140) 같은 책, 155-156쪽 / 같은 책, 169-170쪽.

파국적인 상황에로 이끌어 갈 때 나는 이 모든 것 가운데는 얼마만한 진리가 있는가를 자문한다. 다시 말해서 타자들에게 있어 인습성과 진정성이 어느 정도로 있는가를 계산한다.

그리하여 나는 잠시 동안 유사·실재(pseudo-reality)로부터 내가 그것에 따라서 타자들과 함께 사는 바 그러한 인습성으로부터 근본적 고독으로서 나의 삶의 진정성에로 침잠한다. 나의 진정성에의 자기침잠은 이러한 인습적인 삶을 나의 진정한 삶의, 즉 나의 가차없는 고독의 법정 앞에 끌어내어 비판할 때만이 가능하다.

오르테가는 자기침잠(die Insichselbstversenkung, Vita contemplatia)이란 진정한 자기에의 복귀를 의미한다. 이 "진정한 자기"는 끊임없이 반려(伴侶)에의 근본적인 열망(radical longing for companionship)으로 나타난다고 말하고 있다.

진정한 자아는 그의 근본적인 고독의 토대로부터 완전히 융합할 수 있고 상호침투할 수 있는 그 어떤 인간을 부단히 발견하고자 한다. 이 노력의 형태가 이를테면 사랑이다.141) 오르테가는 이 사랑이야말로 우리들 각인이 그 자신의 근본적인 고독을 교환하고자 하는 노력이며, 따라서 그것은 개인과 개인의 관계, 즉 대개인적 관계(interindividual relation)의 모체가 되는 것이라고 주장하고 있다.

---

141) 같은 책, 50쪽 / 같은 쪽, 50쪽

V. 새로운 형이상학의 정초

오르테가는 전통적인 형이상학을 비판하고 새로운 형이상학의 정초를 위해서 전통적으로 주장되어 왔고 또 거의 무반성적으로 동의되어오다싶이한 실재론과 관념론에 대한 비판을 감행하고 있다. 오르테가는 실재론이야말로 역사상 실재 문제에 대한 논의에서 처음으로 명확한 해답을 하고 있으며, 이 해답을 실재에 대한 제1명제라고 단정을 내리고 있다. 이 제1명제에 대한 반립으로 불가피하게 출현한 명제가 바로 관념론의 명제이다. 오르테가는 철학사적으로 등장한 제1명제와 제2명제에 대하여 완전히 부정해버리는 극단론을 배격하고 두 명제가 각각 함유하고 있는 그 일면성의 진리를 각각 지양하는 한편 그것을 새로운 형이상학의 기초가 될 보다 근본적인 실재인 삶에 관한 제3의 명제 속에 불가결의 양 계기로서 아울러 보유하고 있다.

오르테가는 실재론이란 가장 자연적인 명제이긴 하지만, 그것의 명증성의 측면에서 본다면 단순한 개연성의 명제에 불과하다고 주장하고 있다.

실재론의 명제는 관념론에서 말하는 사고가 전제되지 않고는 명증성을 가질 수 없다. 실재론이 사고의 개입을 전혀 주의하지 않고 세계의 단순한 독립적인 현존에 실재성을 부여한 점에서 절대적 근원적인 제일명제가 되기에는 불충분하다.

관념론의 명제 역시 실재론을 극복하고 나온 근본적인 명제이기에는 불충분하다. 관념론은 엄밀한 의미에서 실재론이 주장하고 있는 가장 기본적인 명제, 즉 「사물은 나로부터 독립해서 현존한다」라는 이 제1명제를 사실은 그의 명제의 근저에 함유하고 있다.

오르테가는 여기서 실재론이 유일한 실재로서 내세운 사물만이 실재일 수 없고 또한 사고로서의 나의 현존이 유일한 실재일 수도 없기 때문에 내가 현존하기 위해서는 사물이 나의 면전에 현전해야 하고 사물이 현전하기 위해서는 내가 현존하지 않으면 안 된다는 결론을 도출하고 있다. 오르테가는 이 결정적인 명제를 사물, 즉 세계와 나와의 공재라는 명제로 집약하고 있다. 이와 같이 사물, 즉 세계와 나 간의 상관적인 관계가 바로 삶 그 자체이고, 따라서 나의 세계는 나의 삶에 공속해 있다.

오르테가는 사물(세계)이나 cogito보다도 우리의 삶이야말로 우리들 각자에게 가장 확실하고 명증적인 실재이며, 그 이상 다른 보다 근원적인 실재로 환원될 수도 없고 또는 그것으로부터 도출될 수도 없다고 주장한다. 오르테가는 우리에게 나타나는 모든 실재나 현상들이 그것 속에 뿌리를 가지는 그러한 근본 실재임을 확인하고 이 삶의 실상을, 즉 그 속성과 구조를 밝히는 것을 그의 철학적 과제로 삼는다. 오르테가에 있어 철학함이란 성찰을 통한 삶의 자기 해명 이외 아무것도 아니다. 그러므로 오르테가는 삶이라는 이 근본실재는 사물의 본성을 (물리적 자연적 사물의 본성이건 정신으로서의 사물의 본성이건 간에) 파악하는데만 전념한 유리된 자연과학적 이성으로서는 해명될 수 없고 오직 삶을 통해서 기능하는 이른바 생적 이성으로서만 해명될 수 있다고 주장한다.

이러한 생적 이성에 의한 삶의 철학적 해명은 새로운 형이상학의 건설을 위해 기초와 지침을 제공해 줄 것이다. 왜냐하면 새로이 확인된 근본실재인 삶을 기초로 해서만이 그리고 이 삶의 해명과 관련해서만이 삶의 주체로서 인간과 삶의 경계로서 세계 및 우주의 궁극적 존재로서 절대자 등에 대한 물음을 새로이 제기할 수 있고 또 그 물음들에 대한 해답을 새로운 방법으로 추구할 수 있기 때문이다.

오르테가는 그의 저서 「형이상학의 과제들」(Some lessons in Metaphysics)이나 「철학이란 무엇인가」(What is Philosophy, Was ist Philosophie) 등에서 새로운 방식으로 형이상학의 정초를 시도하고 있다.

오르테가 자신은 철학적 인간학이란 것을 내세우지는 않았지만, 그의 생적 이성의 철학은 그의 저서의 도처에서 사실상 현대의 철학적 인간학에 대해서도 인간에 관한 기본 범주들을 제공해 주고 있다. 인간 존재의 본질은 인간의 삶의 실상을 통해서만 밝혀질 수 있다.

오르테가는 인간의 삶의 구조를 시간성과 공간성의 양 국면에서 밝히고 있다. 그는 시간적 구조에 기초해서는 삶의 역사성을 천명하고 공간적 구조에 기초해서는 삶의 세계의 구조를 분석하고 있다.

삶의 역사성에 대한 천명은 근본적으로 헤겔의 변증법에 대한 철저한 비판을 통해 시도되고 있다. 오르테가는 헤겔이야말로 그리스의 엘레아적인 존재의 변증법적인 운동의 허구를 조작하고 있다고 비판하고 있다. 엘레아적 존재 개념은 앞서 기술한 바와 같이 고정적 불변적 본질을 가진 자연 이외에 아무것도 아니다. 헤겔이 내세운 정신은 엘레아적 존재, 즉 자연의 변장에 불과하다. 따라서 자연을 인식하는 자연주의적 이성은 헤겔에 있어서는 변증법적 이성으로 변장해서 나타난다. 헤겔의 이러한 정신의 입장에서는 인간적 삶의 진정한 역사적 성격은 이해될 수 없다.

오르테가에 있어서 인간은 헤겔이 주장하고 있는 바와 같이 자연으로서의 정신을 가지고 있는 존재가 아니고, 자기의 존재가능성을 스스로 선택·결정하는 자유 존재이며 삶의 경험의 변증법적 연속으로서의 역사 가운데서 진보하는 역사적 존재이다.

오르테가는 삶의 역사성을 삶의 경험의 변증법적 연속으로서 기술하고 있다. 하여간 오르테가의 삶의 철학은 현대의 역사철학적 사상에 대해서 하나의 기초적 관념을 제공해주고 있다.

오르테가의 철학에 있어 근본 실재로서의 삶의 설정은 바로 딜타이(Dilthey)의 「역사적 삶」의 해석학에서 유래한다. 딜타이는 자기의 학문적 독자성이 인간을 역사와 결부시켜 연구하는 데 있다고 생각함으로써 「역사적 삶」의 문제를 철학적 사유의 근본과제로 삼고 있다. 딜타이는 삶에서 유리된 형이상학적 독단론과 선험적 논리주의에 의한 칸트적 비역사적 사상에 반대할 뿐만 아니라, 19세기 후반에 있어 자연과학의 제국주의 시대의 유물론 또는 실증론에도 반대하고 「역사적 삶」에 대한 해석학적 분석을 그의 철학함의 근본이라고 생각했다. 딜타이의 이러한 「역사적 삶」의 분석은 오르테가의 삶의 구조적 분석을 통한 새로운 형이상학의 정초에 결정적 영향을 미쳤다.

오르테가는 딜타이의 "역사적 삶"에 대한 해석학적 구조 분석을 단순히 수용함으로써 딜타이의 한 아류로 남기를 거부하고 그것을 새로운 국면으로 발전시키고자 시도하고 있다.

오르테가는 이러한 철학적 시도에 따라서 후설의 현상학을 하나의 방법론으로 도입하여 삶의 해부학적 구조 분석 및 삶의 세계의 구조 법칙에 대한 분석을 기도하고 있다.

오르테가의 생적 이성 또는 역사적 이성의 철학은 딜타이의 역사적 삶의 해석학에 후설의 현상학이란 외투를 입힌 듯한 인상을 풍긴다고도 말할 수 있을 것 같다. 물론 이 말은 오르테가의 철학이 딜타이와 후설의 철학적 입장을 다 같이 수용하면서 그것을 극복 지양하여 새로운 형이상학, 말하자면 생적 이성의 형이상학이라는 그 독자적인 사상을 여실히 드러내고 있다는 사실을 의미한다.

오르테가가 후설의 현상학에 주의를 기울이게 된 것은 1906년 독일 대학에서의 수학 당시 그의 스승인 파울 나토르프(Paul Natorp)의 철학강의의 덕분이다. 독일 대학에서의 수학 당시 오르테가는 마르부르크(Marburg)에서 헤르만 코헨(Herman Cohen)과 파울 나토르프에게서 사사하고 있었기 때문에 주로 신칸트학파의 분위기에 젖어 있다. 따라서 그는 나토르프의 철학 강의를 통한 후설의 현상학에의 접근으로 말미암아 바로 신칸트학파의 분위기를 벗어났다. 오르테가는 후설의 현상학을 이해하고 난 다음부터 전통적인 존재를 그 근저에서 개혁시키려고 기도했다. 그는 존재 문제의 이해란 전통적으로 논리적인 사유와 같은 개념적 추상적 사유에 의해서라기보다도 종합적 직관적 사유에 의해서만이 가능하다고 생각한 것이다. 이러한 점에서 오르테가는 철학적 사유의 방법으로서는 후설의 현상학적 방법을 채용했다고 단정할 수 있을 것 같다.

오르테가는 cogito에서 출발하여 의식의 지향성(Intentionalität)의 구조 분석에만 시종한 후설이 관념론적 입장을 비판·극복하여 창출한 의식의 현상학을 삶의 현상학이라는 새로운 국면으로 전환·발전시키고 있다. 오르테가는 새로운 체계적인 현상학적 사유가 가능하기 위해서 그 자체가 체계인 바 현상으로부터 출발하는 것이 필요하다고 생각한다. 오르테가는 이 체계적인 현상으로서의 인간적 삶에 대한 직관과 분석(삶의 자기성찰)을 통해서 그의 생적 이성의 형이상학을 정초하고자 기도하고 있는 것 같다. 슈피겔베르크(Spigelberg)의 다음과 같은 말은 후설의 현상학에 대한 오르테가의 태도 및 관계를 명료하게 밝혀 주고 있다.

> "나는 현상학을 채용하는 바로 그 순간에 현상학을 포기했다." 이 역설이 말하고 있는 것은 처음부터 오르테가가 현상의 직관적인 방법을 그의 인간적 삶의 개념에 의하여 인도된 체계적인 분석의 방향으로 돌렸다. … 오르테가에 있어서 현상학은 생적 이성의 형이상학의 형성을 향해 나아가는 도상의 한 단계이지 목표가 아니었다. 그러나 그것은 분명히 그의 유일한 방법은 아니었다.142)

후설의 현상학을 오르테가 이상으로 자기의 철학적 사유의 방법론으로 채용했던 마르틴 하이데거 역시 오르테가 철학과의 유사점을 상당히 가지고 있다. 오르테가를 하이데거와 관련·비교할 때 대개 사람들은 오르테가를 하이데거의 실존철학의 선전가로서 기술해 버리기 일쑤다. 사실 이러한 평가는 엄청난 착오일 것 같다.

---

142) Herbert Spiegelberg, the phenomenological Movement Ⅰ, VolumeⅡ, 616쪽.

오르테가 철학 연구의 권위인 랠리(Raley) 교수의 말을 빌면 오르테가는 하이데거의 철학과 몇 가지 일치하고 있는 점에서 하이데거 철학의 선구자이다.143) 오르테가 자신 역시 이러한 사실에 대해서 하이데거의 「존재와 시간」(Sein und Zeit)이 출판된 지 5년만인 1932년에 다음과 같이 지적하고 있다.

> 나는 이 저자에게 아무런 사상적인 혜택을 입은 바가 없음을 명백히 말해두어야 하겠다. … 하이데거의 중요한 개념들 상당수가 「존재와 시간」이 출판되기 13년 전 나의 저서에 이미 나타나 있다. 예컨대 불안, 관심, 염려로서 삶의 관념, 그리고 안정으로서의 문화와 안정에의 관심으로서 삶의 관념은 사실상 나의 초기 저작(1914년에 출판된) 「Meditations on Quixote」에서 발견된다.144)

하여간 하이데거는 오르테가의 초기 저작들에 이미 나타나 있는 사상 및 개념들을 「존재와 시간」에서 언급하고 있다. 예컨대 「인간이란 세계 내존재이다」145)라는 언표는 분명히 오르테가의 초기 저작들 가운데 나타나 있다. 하이데거가 「존재와 시간」에서 오르테가의 환경이라는 실재의 개념을 삶의 본질적 형식으로 기술하고 있는데, 이것은 분명히 하이데거의 철학적 입장이 오르테가에서 연유한다는 사실을 입증

---

143) H. Raley, Jose Ortega y Gasset. Philosopher of European Unity, 239쪽.
144) Julian Marias, "Ortega," 399쪽(Citied by Raley).
145) Martin Heidegger, Sein und Zeit, 53쪽.

해 주는 것이다. 여하튼 오르테가와 하이데거 간에는 누가 먼저 영향을 주었건 사상적으로 많은 유사점이 있다.

하이데거는 인간이란 자기의 존재를 창조하기 위해서 자기의 주위 환경에 관여하지 않으면 안 되며 이와 동시에 인간의 삶이란 타인들 및 다른 사물들과의 공재이다라는 오르테가의 견해의 타당성을 승인한다. 따라서 하이데거가 인간을 세계 내 존재로 보고 있는 점에서 오르테가와의 일치점을 가지고 있다. 그러면서도 오르테가의 철학은 하이데거의 그것과 크게 다른 독자성을 가지고 있다. 오르테가는 하이데거가 인간을 항상 무와 죽음에 대해서 고뇌와 불안을 가지고 반응을 나타내는 존재라고 가정하는 것은 불합리하며 동시에 단순한 낭만적인 입장에 불과하다고 비판한다.146) 오르테가는 하이데거의 입장과는 반대로 인간의 삶이란 관대, 자발성, 쾌활성에서 성립함으로 하이데거와 같이 전적으로 비합리주의적 특성에로 환원될 수 없다고 주장한다.147)

오르테가의 철학사상은 사르트르(Sartre)에게도 커다란 영향을 미치고 있다. 사르트르가 1943년에 「나는 자유이게끔 운명적으로 선고받고 있다」라고 말할 때 사르트르는 오르테가가 1935년에 「나는 좋든 싫든 간에 필연적으로 자유이다」라고 썼던 것을 반복하고 있다. 1946년에 사르트르가 「인간은 단순히 자기가 자기 자신을 형성하는 것 이외에 아무것도 아니다」라고 말하고 있는데, 사실 이 말은 실존주의의 근본 원리이다. 따라서 사르트르는 오르테가가 1935년에

---

146) Jose Ferater Mora, Ortega y Gasset, an outline of his philosophy, 77쪽.
147) 같은 책, 같은 쪽.

「인간은 그가 무엇이 되고자 하는가를 결정하지 않으면 안 된다」라고 말한 것을 반영하고 있다.148)

사르트르의 사상은 역시 직접적이든 간접적이든 간에 오르테가의 철학적 입장에서 영향을 받고 있다. 이러한 점을 미루어 볼 때 인간적 삶의 세계의 구조에 대한 오르테가의 현상학적 분석은 후설, 하이데거, 사르트르의 그것을 능가할 정도로 정채(精彩)를 띠고 있다고 해도 과언이 아닐 것이다.

특히 오르테가가 우리의 삶의 맥락 속에서 우리에게 나타나는 세계를 두 개의 국면, 즉 봉사성을 가진 도구적 사물로 구성된 환경으로서의 세계와 "너와 나"의 상호공존에서 성립하는 사회(인류의 세계)로 구분하여 현상학적인 방법으로 세계의 구조를 밝힘으로써 새로운 의미의 세계론(Kosmologie)을 기도하고 있다. 오르테가는 이 세계론을 기초로 하여 하나의 참신하고도 다산적 철학적 사회론을 전개하고 있다. 이것은 현대의 어떤 철학자보다 앞서 나아가고 있음을 입증하여 준다.

오르테가에 있어서 절대자인 바 기초적 존재(fundamentales Sein), 즉 神은 어떻게 이해되고 있는가? 이 문제에 대한 논의는 여기서 추가적으로 시도됨직 할 것 같다.

神에 대한 오르테가의 기술은 그의 여러 저서들에서는 지극히 드물게 찾아진다. 그것은 생적 세계에 대한 오르테가의 현상학적 분석의 필요불가결한 보족(補足)으로서의 의의를 갖는 것 같다.

---

148) H. Raley, ortega y Gasset, Philosopher of European unity, 23쪽.

세계는 단편적이며 불충분한 대상, 즉 그 자신과는 다른 그 무엇, 그것에 주어지지 않는 무엇에 기초해 있는 대상이다. 엄밀히 말해서 이 무엇은 창건자로서의 사명을 지니고 있다. 즉 그것은 기초적 존재이다. … 기초적 존재란 그 본질상 주어진 사물도 아니고 인식에 대하여 현전하는 모든 것에서 결여되어 있는 바로 그러한 것이다. 우리는 그것에 대해서 어떻게 아는가? 모자이크 가운데 하나의 단편이 빠지고 없을 때 우리는 그 결여된 단편을 비어있는 구멍을 보고 인지한다. 우리가 보고 있는 것은 그것의 부재(不在)다. 이 단편의 현전하는 방식은 부재다. 이와 마찬가지로 기초적 존재는 영원하고 본질적인 부재로서 세계 내에서는 항상 부재하고 있다. … 따라서 우리는 기초적 존재에 대해서는 마치 우리가 외팔이에서 거기 없는 팔을 보는 것과 같이 단지 그것의 부재가 남겨 놓은 상흔(傷痕)을 본다. 그리하여 우리는 상처의 윤곽을 묘사하고 절단선을 그림으로써 그것을 규정하지 않으면 안 된다. 그것은 주어지므로 해서 제2차적이고 확정된 그러한 소여존재와는 유사한 것일 수 없다. 오히려 그것은 본질적으로 완전히 다른 것이고, 근본적으로 다른 것, 즉 절대적으로 이국적인 그 무엇이다.149)

오르테가에 있어서 이러한 기초적 존재란 곧 神으로 사유되고 있다. 이 존재는 인간의 삶의 자기성찰에 있어 인격적 주재자로서의 의미는 전혀 가지고 있지 않다. 이 기초적 존재의 상정은 생적 세계의 구조적 법칙을 현전과 공·현전의 도식에 의해서 해명할 경우 그것의 논리적 타당성의 승인을 위

---

149) W.i.P, 384-385쪽 / What is philosophy, 98쪽.

해서 요청되는 필연적 귀결이다. 요컨대 오르테가에 있어서 기초적 궁극적 존재로서의 神은 일체의 현전가능한 세계지평 너머에 숨어있는 — 따라서 지평 내부에서는 직접 우리에게 나타나지 않고 다만 부재로서 간접적으로만 자기의 존재를 알릴 따름인 — 비유적으로 말하자면 우리에겐 언제나 아득히 멀리 지평 밖에 숨어있는 그러한 神이다.

오르테가의 모국의 정치적 상황이 그로 하여금 철학적 사유에만 전념할 수 없도록 만든 것이 그의 생적 이성의 철학이라는 새로운 형이상학을 미완으로 그치도록 한 중요한 요인이 되고만 것은 매우 애석한 일이 아닐 수 없다. 그러나 오르테가는 그의 철학사상의 미완성에도 불구하고 20세기의 위대한 철학자들 가운데 누구보다도 새로운 형이상학의 기초와 골격을 확고하게 구축하고 있다.

제2장 오르테가 철학의 헤라클레이토스적 배경

　오르테가는 삶을 근본실재라고 단정한다. 왜냐하면 삶은 모든 것을 포괄하며 동시에 일체의 생기가 삶 가운데서 일어나기 때문이라는 것이다. 神에의 신앙이며, 세계의 변화며, 이성의 존재에의 사유며 ― 이 모든 것이 다 삶의 지평에서 이루어진다. 삶이 근본적으로 전제됨이 없이는 존재에의 이해와 세계에의 인식은 불가능하다.
　전통적인 형이상학에 있어서 존재가 근본실재로서 사유되어 왔고 그것을 사유하는 이성은 존재와 동일한 구조를 가지고 있는 것으로 이해되어 왔다. 오르테가는 바로 이 존재에 대한 이성의 사유를 삶의 기능의 한 형식으로 보고 이 존재를 부차적인 실재로 간주한다.
　근본적으로 세계가 삶을 구성하는 나와 더불어 삶의 공속적인 요소인 한 존재는 세계가 삶의 도구적 존재 또는 삶의 Prgmata이기를 거부하고 하나의 물음으로 나타날 때 비로소 설정되는 바의 것이다. 이 경우에 원물(原物, das Urding)로서 이성은 자신의 관념, 즉 존재의 구조를 세계에 투여한다. 따라서 존재는 이성의 구조물이고, 불변적, 동일적, 고정적 존재이다. 이 존재의 사상은 최초에 파르메니데스의 존재론에서 기인한다. 따라서 파르메니데스의 존재론이 전통적인 존재론으로 전개되어 왔고, 이 존재의 사유를 근본으로 하는 이성은 추상화의 작용을 부단히 시도해 왔다. 다시 말해서 이 추상적 논리적 이성은 존재의 자기동일화와 존재에의 외과수술적 작용을 감행해 왔다. 그러나 이 이성은 어떤 본질도 존재도 가지고 있지 않고 오직 흐름, 변화, 운동만을 그 내적 구조로 가지고 있는 삶 앞에서는 무력과 좌절만을 경험하고 있다.

삶은 흐름이고 변화로서 총체적인 생기에 불과하다. 그러므로 삶은 비동일화의 과정, 즉 영속적인 흐름이다. 이 관점은 헤라클레이토스의 panta rhei(만물 유전)에서 비롯한다. 삶의 이해는 헤라클레이토스의 흐름의 도식(Schema)을 통해서만이 가능하다. 추상적 논리적 이성 또는 물리학적 이성에 의해서는 삶은 이해불가능하다. 삶은 오직 생적 이성에 의해서만 이해된다. 왜냐하면 삶은 생적 이성의 변증법적 연속이기 때문이다.

오르테가의 이러한 생적 이성의 변증법은 근본적으로 헤라클레이토스의 Logos의 변증법에 그 기원을 두고 있다.

Ⅰ. 이성의 추상적 Schema로서 존재의 자기동일성

오르테가는 실존으로서의 자기동일적 존재란 이성의 추상화 작용에 의하여 구성된 관념이라고 주장하고 있다. 오르테가에 있어서 이성의 추상화는 두 가지의 측면에서 이해되고 있다. 첫째 그것은 소여존재에서 이성1)과 구조적으로 일치하는 것만을 포착하여 다른 것으로부터 분리시키고, 고립화시키고, 고정시키는 것으로 이해되며, 둘째 그것은 이성 자신이 자기의 내적 법칙으로서 동일화의 원리를 소여존재에 투입하는 것으로 이해되고 있다.2)

---

1) 이성(Vernunft)은 오르테가에 있어서는 지성(Intellekt)과 동일한 개념으로 사용되고 있다. 오르테가는 이성 또는 지성이란 전통적인 형이상학에서는 자기동일성, 불변성, 고정성을 가진 원물(das Proto-Ding od. das Urding)로서 사유되고 있다고 주장한다. 오르테가의 이러한 해석은 파격적인 것으로서 자기의 생적 이성의 개시를 고지하는 것이기도 하다. 이성이 원물인 한 이성의 존재 투입은 곧 존재의 물화(Verdinglichen) 또는 동일화(Identifizieren)이다. 오르테가는 인간이란 이성을 가지고 있는 것이 아니고, 오히려 결여(das Bedürfinis)만을 가지고 있다고 주장한다. 따라서 인간은 본질(die Natur)을 가지고 있지 않은 채 무의 존재(das Nichtsein) 또는 자유존재로서 현재할 뿐이다. 인간은 단순히 Drama에 불과하다.
2) Jose Ortega y Gasset, Historical reason(New York: W.W.Norton & Company, INC, 1984), 104쪽. 以下 'H.R.'이라고 약기함.

이성의 추상화에 대한 이러한 방식의 이해는 추상화의 내적 구조를 설명의 편의상 구분한데에서 비롯한다. 그것의 전체성에서 본다면 근본적으로 이 두 가지의 이해 방식은 하나이다. 오르테가는 이성의 추상화를 식당요리사의 음식요리에 비유해서 설명하고 있다. 식당에서 요리사는 도마 위에 올려진 통닭을 여러 형태와 크기로 자른다. 그는 절단된 다양한 부분들을 각각 분리하여 냉장고의 냉동실에 저장한다. 냉동된 각 부분은 불변적 고정적 자기동일성으로서 존재한다. 여기서 요리사는 이성이고 주어진 통닭은 소여존재이며 냉동된 각 부분은 사유된 존재이다.3)

현실적으로 소여존재를 두고 이야기 해 보자. 예컨대 하얀 벽의 경우 이성은 하얀 벽이라는 사물 가운데서 하얗다라는 순백(純白)의 요소를 포착하여 그것을 하얗치 않는 것으로부터 분리시키고, 정화시키고, 강화시켜 고정화시킨다. 이 경우에 이성은 순백의 존재를 자기동일적인 것으로서 가진다. 순백은 비백(非白)을 전적으로 부정하고 있고 자기내부에는 오직 백(白)만은 자기일관성으로서 내포하고 있다.4) 이 점에서 본다면 이성은 동일화에의 기계장치, 즉 존재를 동일화하는 기계장치이다.5)

이성의 추상적 Schema를 통한 존재의 설정은 최초에 파르메니데스에 의하여 시도되었다. 파르메니데스는 존재만이 있고 무는 없다라는 것을 근본명제로 삼고 있다. 이 명제에 있어 존재는 사유되는 것이고 사유되는 것은 존재하는 것이며 그리고 무는 사유되지 않으며 사유되지 않기 때문에 무는

---
3) 같은 책, 같은 쪽.
4) 같은 책, 103쪽.
5) 같은 책, 104쪽.

존재하지 않는다. 파르메니데스의 존재는 이성의 동일성의 법칙이 투입된 것이다. 다시 말해서 파르메니데스의 존재는 양극성을 배제한, 즉 무의 상대성을 전적으로 돌파한 차원에서 전체성인 바 자기동일성으로서 사유되고 있다.6) 오르테가는 이러한 견해를 다음과 같이 천명하고 있다.

> 파르메니데스의 존재는 고정성(die Festigkeit), 안정성(die Beständigkeit), 현실성(die Aktualität=schon Sein, was ist)이라는 여러 특성을 가지고 있다. 이러한 존재는 불변적 존재, 항상적 동일성의 존재(ein unveränderliches Sein, ein immer-dasselbe-Sein)이다.7)

파르메니데스의 이러한 불변적, 고정적, 동일적 존재는 줄곧 현대에까지 계승 발전되어 왔다. 이 존재는 플라톤에 있어서는 복수로서, 즉 무수한 자기동일적 존재로서 전개되고 있다. 구체적으로 말해서 이 존재는 절대진(絶對眞), 절대선(絶

---

6) 파르메니데스의 존재는 충실체이고 연속성이다. 오르테가는 존재가 연속체라면 그것은 여러 부분들로서 분할될 수 있다고 생각한다. 엄밀히 말해서 분할될 수 있는 부분들은 진정한 부분이 아니다. 왜냐하면 부분들이 내가 항상 재분할할 수 있는 연속체를 구성하기 때문이다. 따라서 연속체는 동시에 부분들로서 구성되면서 구성되지 않는다. 다시 말해서 그것은 무한히 분할될 수 있고, 그럼으로써 그것은 완전히 분할되지 않는다. 다른 말로 해서 그것은 분할적이면서 불가분할적이다. 그러므로 연속체는 최상의 실례의 자기모순적인 존재, 즉 A이면서 非A이다. 오르테가는 파르메니데스의 존재가 불변적이고 자기동일적인 것이라는 존재의 사상은 설득력을 결여하고 있다고 단언한다.

7) Jose Ortega y Gasset, Gesammelte Werke, Band Ⅳ (Stuttgart; Deutsche Verlags-Anstalt GmbH., 1978), 358쪽.

對善), 절대미(絕對美), 절대정의(絕對正義) 등과도 같이 항상 자기자신인 바의 존재들, 즉 무수한 자기동일적, 불변적, 고정적 존재들로서 전개되고 있다.8)

플라톤은 이러한 절대적 자기동일성의 존재들을 Idea들이라고 일컫고 있다. 플라톤의 Idea들은 바로 파르메니데스의 존재가 계승된 것이면서 그것과는 다소 상이성을 나타내고 있다. 파르메니데스의 존재는 플라톤의 Idea를 통과하면서 아리스토텔레스에 와서는 약간씩 수정을 겪고 있다. 아리스토텔레스에 의하면 이 존재는 현상적 변화 가운데 변화하지 않고 숨겨진 이른바 변화의 법칙, 변화의 원인, 변화의 원리로서 이해된다. 아리스토텔레스에 있어 불변적 원리로서 이해된 존재는 곧 불안정한 변화 현상을 기초지우고 있는 안정존재, 사물의 변화의 불변적인 법칙, 모순의 배후에 존재하는 동일적 존재이다. 이러한 존재는 달리 표현하면 물리적 실체 또는 사물의 자연(본질)이다.

오르테가는 이 입장을 다음과 같이 밝히고 있다.

> 아리스토텔레스가 창조한 이 자연의 개념은 일체의 것과 관계하며 단순히 동일성의 원리(the principle of identity)에 불과하다. 이 동일성의 원리는 사물의 현상의 흐름과 배후에 있는 각 사물의 변화의 법칙이고 원인이다.9)

아리스토텔레스 이후 존재는 자연을, 즉 가변적 사물들의 불변적인 법칙 또는 모순 속의 동일성을 의미하고 있다. 예컨

---

8) H.R., 110쪽.
9) 같은 책, 111쪽.

대 데카르트의 무한실체로서의 神 또는 유한실체로서의 정신, 라이프니츠의 Monad, 칸트의 Ding an sich, 헤겔의 Geist 등은 근본적으로 불변성, 동일성, 고정성을 내적 구조로 가지는 자연의 변장적인 개념으로서 이미 성존(成存, die Konsistenz)을 가진 동일적 개재(既在, schon Sein, od, a being already)라는 의미에서 동일하다.10)

오르테가는 이러한 생각을 다음과 같이 나타내고 있다.

> 자연은 하나의 사물, 즉 많은 작은 사물들로 구성되어 있는 하나의 큰 사물이다. 사물들 간의 차이가 무엇이든지 간에 사물들은 모두가 하나의 근본적인 공동성격을 가지고 있다. 이 공동성격은 사물들이란 존재한다는 사실, 즉 사물들이란 하나의 존재를 가지고 있다는 사실에 있다. 이것은 사물들이 계속 존재한다는 것, 사물들이 우리의 면전에서 존재한다는 것, 즉 사물들이란 주어진 고정적인 구조 또는 성존을 가지고 있다는 것을 의미한다. …이 성존을 다른 말로 표현한 명칭이 바로 자연(die Natur)이란 말이다.11)

---

10) 오르테가는 전통적인 형이상학에서 말하는 존재를 성존(die Konsistenz)이라고 규정한다. 성존이란 자기동일성으로 일관하는 기재(이미 있음의 존재)이다. 그것은 불변적이고 동시에 그 본질이 확정되고 고정되어 있는 그러한 자기충족적 존재이다. 예컨대 돌의 경우 돌은 이미 그 본질이 규정되어 있고 동시에 실존에 앞서 있다. 이 점에서 본다면 존재는 결국 그 본질이 확정되고 고정된 것이므로 해서 자기동일적 존재인 바 이성의 산물이다. 따라서 이 eleatische한 존재는 현존양식상의 차이일뿐 본질적으로 동일한 존재로서 Decartes의 Ichsein, Leibniz의 Monad, Kant의 Ding an sich, Hegel의 Geist 등으로 전개되어 왔다.
11) Gesammelte Werke, Band Ⅳ, 353쪽.

요약해서 말하면 파르메니데스의 존재는 근본적으로 서양 철학사의 저면을 깊게 깔면서 전개되어 왔고 철학함의 근본 실재로서 사유되어 왔다. 그러나 그의 존재는 보다 미세한 시각에서 살펴본다면 두 가지의 분기화된 형태로 전개되고 있다. 그것은 하나는 정신으로, 다른 하나는 자연으로 전개되고 있다.12)

오르테가의 생각으로는 이 양자는 안정성, 불변성, 동일성, 고정성을 내적 구조로서 가지고 있다는 점에서 파르메니데스의 존재의 성격을 고스란히 내포하고 있다. 정신이든 자연이든 그것을 실재로서 상정하는 원형적인 사유, 즉 그것의 원형(die Prototyp)이 지성으로서의 이성인 한 어쩔 수 없이 자기동일적 불변적 존재의 Kategorie에 포함될 수밖에 없다.

이성 자체가 원물(das Proto-Ding, das Urding)이면서 동일성(die Identität)이기 때문에 모든 것이 이 이성에 의하여 동일화(identifizieren), 즉 물화(verdinglichen)되지 않으면 안 된다. 한 말로 말해서 이성은 모든 것에 그것의 내적 구조로서의 존재, 즉 동일성 또는 성존으로서의 자연을 투입한다. 그러므로 인식한다는 것은 현상적 대상에 존재로서의 자연을 투입한 것을 되돌려 받는 것을 의미한다. 이 말은 바꾸어서 표현하면 대상을 이성에 순응시키는 것을 뜻한다. 여

---

12) eleatische한 존재(das Sein)는 한편으로는 정신으로, 다른 한편으로는 자연으로 계승발전되었으나, 본질적으로 정신과 자연은 동일한 것이라고 오르테가는 주장하고 있다. 정신과 자연(Geist와 Natur)은 동일성, 고정성, 불변성을 가진 성존에 불과하다. 정신은 성존으로서의 자연의 변장에 지나지 않는다. 존재가 성존을 내적구조로 가지고 있는 한 정신과 자연은 존재에 공속하는 현존양태에 불과하다.

기서 인식은 곧 이성과 대상 간의 구조적 일치라는 명제가 성립한다.13)

오르테가가 이 문제에 관하여 유머러스한 알레고리(Allegorie)를 통해서 설명하고 있는 바를 살펴보면 그의 입장이 한층 환하게 비쳐올 수 있다.

> 어떤 선량한 어부가 한 마리의 훈련된 청어를 키우고 있었는데 휴일에 해변으로 나가서 그 청어를 물 속으로 집어넣었다. 길 가던 행인들이 호기심에 찬 눈으로 어부 옆에 가까이 왔다. 어부는 강물을 향해 몸을 꾸부려 그의 손을 입가에 가지고 가서는 물어라! 테오도르! 하고 고함을 쳤다. 잘 훈련된 이 청어가 낚시바늘을 발견하고 낚시바늘을 즉각 물어주고는 해면 위의 미풍을 꼬리로 가르면서 해면 바깥으로 오름으로써 행인을 깜짝 놀라게 하고 동시에 선량한 어부의 자만심을 충족시켜주고 있다. … 이 알레고리에 있어 청어는 우리가 우리의 머리에서 추출하여 실재에 투여한 지적 동일성(the intellectual identity)이며 인식은 훈련된 청어를 집어넣었던 장소로부터 낚아 올리는 낚시질이다.14)

이 알레고리가 시사하고 있는 것은 곧 이성의 인식작용 또는 추상화이다. 오르테가는 파르메니데스 이후 지금까지 철학이 한 것은 바로 이성의 이와 같은 인식작용 내지 추상화였다고 주장한다. 오르테가는 이러한 추상적 이성 및 순수이성을 물리학적 이성(die physikalische Vernunft) 또는 자연주

---

13) H.R. 113-114쪽.
14) 같은 책, 116쪽.

의적 이성(die naturalistische Vernunft)이라고 일컫고 있다. 이 물리학적 이성은 모든 것을 존재론적인 해석 또는 지적 조작을 통해서 인식의 영역을 넓혀갔다. 그 결과 물리학적 이성은 세계의 구조적 해석 및 인식에 있어 다산적인 성과를 획득할 수 있었다. 이것을 두고 오르테가는 물리학적 이성의 제국주의적 승리라고 규정하고 있다.15)

그러나 물리학적 이성도 삶에 직면해서는 무력과 좌절을 경험하고 있다. 왜냐하면 삶은 불변적 존재로서의 자연 또는 자기동일성으로서의 존재가 아니기 때문이다. 삶은 흐름이고 변화이고 운동이면서 모든 것을 포괄하는 근본실재이다. 그러므로 모든 것을 고정적 존재 또는 성존으로 보고 추상화작용을 수행하는 물리학적 이성으로서는 근본실재로서의 삶 앞에서는 무의미할 수밖에 없다.

---

15) Gesammelte Werke, Band Ⅳ, 341쪽. 이성이 원물인 한 이성에 의하여 물화된 존재는 역시 이성에 의하여 조작가능한 구조를 가지고 있다. 이성이 이러한 존재에 외과수술적 개입을 시도했을 때 그 결과 삶이 유용성, 편리, 안락 등을 전리품처럼 가지게 되었다. 20세기에 들어와서 사람들은 온통 물리학에 모여 들기 시작했고 동시에 물리학적 이성으로서 세계해석에 몰입했다. 오르테가는 이러한 현실적 상황을 두고 냉소적인 의미에서 물리학적 이성의 제국주의적 승리(der imperiale Triumph der physikalischen Vernunft)라고 일컫고 있다.

Ⅱ. 변화의 구조에 흐르는 생적 이성의 이해

오르테가는 변화하는 현상 가운데서 불변적 자기동일적 존재를 찾고자 하는 Eleaticismus를 하나의 착각이라고 주장하는가 하면, 존재 설정을 통해서 실재의 추상적 도식화를 사유하는 전통적 존재론을 독단이라고 단언하고 있다. 오르테가는 만물은 흘러간다라고 말한 헤라클레이토스의 흐름(der Fluß)의 사상의 지평에 서서 철학함을 한다.

그의 근본 입장에 의하면 불변적 존재는 없고 오직 흐름, 변화, 운동만이 있을 뿐이라는 것이다. 그는 이러한 견해를 다음과 같이 말하고 있다.

> 나는 내 앞에 있는 하나의 돌을 본다. 그러나 나는 이 돌을 가지고 돌팔매질을 했을 경우에 공간 속에서의 운동을 본다. … 돌은 형식적으로 한 장소에 존재했고 지금은 다른 장소에 존재한다.[16]

우리가 바라보는 대상은 오랫동안 그 대상을 관찰하거나 충분히 주의를 기울일 경우에 항상 동일하지 않다. 예컨대 소크라테스는 하루종일 — 술을 마실 경우 안색의 변화를 제외하고는 — 동일한 외관을 가지고 있다. 그러나 가령 우리가

---

16) H.R., 100쪽.

수년을 기다릴 경우 우리는 소크라테스가 변화해가는 모습, 즉 청년에서 장년을 거쳐 노년에 이르고, 그후 쇠약해져서 사망하고, 시체로 변하고, 그 시체가 분해되어 소멸하고, 드디어 해골이 되어 흙이 되었다가, 결국은 공기로 산화해 버리는 이른바 변화해 가는 과정을 볼 수 있다. 이러한 변화 과정에 있어 소크라테스의 자기동일성이라곤 아무 것도 남지 않는다.17)

모든 존재는 결국 흐름과 변화와 운동이 된다. 요컨대 모든 존재의 영구성은 확고하지 못하고 그리고 모든 존재는 흐름, 변화, 운동으로 구성된다. 오르테가의 철학함의 근원은 "모든 것은 흐름가운데 존재한다."라는 근본명제에 있다. 오르테가의 이러한 근본명제는 헤라클레이토스에 있어 흐름의 사상의 징표라고 말할 수 있는 "만물은 유전(흘러간다)한다"라는 명제의 반영이다.

헤라클레이토스가 남겨놓고 있는 잠언(箴言), "우리는 동일한 강물에 두 번 들어갈 수 없으며 동일한 무상한 실체를 두 번 만질 수 없고, 오히려 그것은 급속한 변화를 통하여 흩어졌다가는 다시 모이고 가까워 졌다가는 멀어져 버린다"18)라는 이 단편(das Bruchstück)이야말로 오르테가의 존재 부정에 결정적 계기를 주고 있다. 헤라클레이토스의 이 단편을 통해서 오르테가는 모든 존재가 안정성, 동일성, 영속성, 불변성에서 성립한다는 입장을 시각상의 환영에서 범하는 오류라고 단정하고 있다.

---

17) 같은 책, 같은 쪽.
18) Hermann Diels, die Fragment der Vorsokratiker, Band I (Weidmnn, 1984), S.171. ※ 이하 Fragment라고 약칭함.

모든 것이 흐름이라면 이 흐름의 가동적(可動的) 양식은 "A는 A이면서 비(非)A이다"라는 형식논리로 설명될 수 있다. 이 형식논리는 비동일적인 것, 즉 모순을 그 내용으로 포괄한다. 이 흐름의 가동성이 가지는 형식논리는 오르테가에 있어 삶의 구조적 분석에 조명되고 있다. 이 문제는 이 논의의 후반부에서 다루어질 것이다.

이 형식논리는 헤라클레이토스의 거의 모든 단편에서 발견된다. 그러나 그의 모든 단편 가운데 형식논리가 가장 잘 나타나 있는 대표적인 단편들을 여기서 인용하면 다음과 같다.

"차가운 것은 따뜻한 것이 되며 따뜻한 것은 차가운 것이 된다." "젖은 것은 마른 것이 되며 마른 것은 젖은 것이 된다." "산 것과 죽은 것, 깨어있는 것과 잠자고 있는 것, 젊음과 늙음 – 이 대립에 있어 전자는 후자로 변하고 후자는 전자로 변한다."19)

이 잠언들에는 위에서 말한 바와 같은 가동성(可動性)의 형식논리, 즉 "A는 A이면서 非A이다"라는 모순의 법칙이 내재해 있다. 이 단편들에 있어 차가운 것과 따뜻한 것, 젖은 것과 마른 것, 산 것과 죽은 것, 깨어있는 것과 잠자고 있는 것 등은 상호모순 관계에 있다. 다시 말해서 이 양자 간의 상호관계는 모순·대립이며 비동일적이다. 그러므로 이 양자는 역학의 원리에 따라 상호전화의 변화·운동의 형식으로 흘러

---

19) Karl Jaspers, die Grossen Philosophen, Erste Band(R. Piper & Co Verlag München, 1957), 632쪽. * 이하 GP라고 약기함.

간다. 모순·대립항들 간의 상호전화는 곧 전체로서의 흐름을 구성한다.

따라서 전체로서 흐름은 A이면서 비A — 차가운 것이면서 따뜻한 것이고 산 것이면서 죽은 것 — 이며 동시에 이 모순항들, 즉 대립항들을 포괄한다. 이것은 대립 및 모순의 통일을 뜻한다. 다시 말해서 전체로서의 흐름은 통일 및 조화에의 지향성을 구조적 특성으로 삼는다.

헤라클레이토스의 이러한 가동성의 형식논리는 그것이 파르메니데스의 정태성의 논리를 압도한다고 주장하는 오르테가의 사상에서는 생적 이성의 변증법의 내적 구조로서 계승되고 있다. 그럼에도 불구하고 헤라클레이토스에 있어 흐름의 가동성의 형식논리와 오르테가에 있어 그것 간에는 약간의 상이성이 있다.

가령 헤라클레이토스에 있어서 흐름이 모순항들 간의 상호전화에 의한 영원한 원환운동이라면 오르테가에 있어서 흐름은 대립·모순을 지양 극복하는 영원한 전진운동이다.

<u>헤라클레이토스의 흐름의 원환운동</u>   <u>오르테가의 흐름의 전진운동</u>

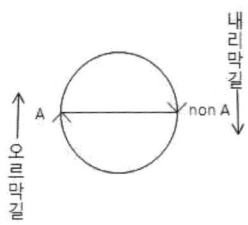
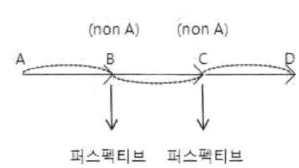

헤라클레이토스의 흐름의 원환운동에 있어서 모순·대립·투쟁은 이 운동을 야기시키는 힘이기도 하다. 그러므로 헤라클레이토스는 "투쟁(전쟁)은 만물의 아버지, 즉 만물의 왕이다."라고[20] 말하고 있다. 이 원환운동에 있어 원환의 결정적 계기는 양극의 상호전화이다.

헤라클레이토스의 흐름의 유전성(流轉性) 또는 가동성이 시사하는 전체적인 정조(情調, die Stimmung)는 오르테가에게는 생경할만큼 철학함의 근저에 감돌고 있지만, 헤라클레이토스의 흐름의 원환형식에 대해서는 거부의 태도를 취한다. 오르테가는 흐름을 원환에서 보다도 직선적인 전진형식에서 포착하고 있다. 이 흐름의 직선적인 전진운동에 있어서 결정적인 계기는 대립자의 영속적 지양 극복이다. 이 지양 극복은 직선적 전진의 형식으로 부단히 진행된다.

그러므로 헤라클레이토스의 흐름의 원환운동에서는 운동의 비극성과 현실의 염세성이 나타난다. 이 비극성과 염세성은 원환에서는 탈출할 수 없고 오히려 강한 긍정과 운명적 사랑 그 이외 다른 방도란 없다. 비극성과 염세성에의 운명애적 긍정 그것 자체가 원환의 초월자로서 Logos와의 "하나됨"이고 동시에 본래적 자기에의 복귀이다.

Logos는 자기 자신의 세계 내 현현(顯現)을 흐름을 통해서, 즉 대립자의 투쟁을 통해서 가능케 한다. 헤라클레이토스의 다음과 같은 잠언들은 Logos의 세계 내 현현을 잘 암시하고 있다.

---

[20] 같은 책, 같은 쪽.

> Logos의 항재적(恒在的) 본질은 대립의 통일이다. …
> Logos에 귀를 기울인 자는 일체가 하나임을 안다.21)

Logos는 바깥으로 표출되지 않고 간접적으로 자기를 알릴 뿐이다. 모든 것이 흘러가고, 변화하고, 운동하는 원환운동이 주는 비극성과 염세성도 이 원환을 초월해 있으면서 동시에 이 원환을 神의 암호로서 나타내는 Logos에의 초월 또는 하나됨에 의해서 해소될 수 있다.

오르테가의 흐름의 직선적 전진운동에 있어 모순·대립의 지양·극복은 진보 발전을 지향하고 있다는 점에서 헤라클레이토스의 비극성이나 염세성과 같은 어두운 정조는 배태되지 않는다. 그것은 오히려 미성취의 시점을 선취한다는 의지를 야기함으로서 강한 긍정과 전망에의 낙관성을 가져다 준다. 이 흐름의 직선적 전진운동에 있어 지양·극복되는 시간적 공간적 매듭22)마다가 전진을 강화시켜 주는 힘이 된다. 이러한 매듭들은 직선적 전진운동의 저면을 부단히 흐르는 흐름의 지혜의 암호이다. 이것은 헤라클레이토스의 Logos에서 시사받은 것이기도 하다. 이 시간적 공간적 매듭은 직설적으로 표현하면 흐름으로서의 삶의 지혜, 즉 생적 이성이다. Ortega의 생적 이성은 한마디로 말해서 헤라클레이토스의 Logos에 그 기원을 두고 있다고 말할 수 있다.

---

21) Fragment, Band Ⅰ, 162쪽.
22) 시간적 공간적 매듭이란 흐름으로서의 삶의 기재(既在)에 해당된다. 즉 그것은 삶의 축적 또는 존재의 경험을 말한다. 이것은 인간이 존재계획(das Seinplan)을 수립함에 있어서 고려되지 않으면 안 되는 삶의 고정선 또는 존재의 절대량이다.

헤라클레이토스에 의하면 만물은 Logos에 따라서 생기하며 Logos는 만물을 관통한다는 것이다. 이 점을 고려한다면 흐름, 변화, 운동은 Logos의 필연적인 자기현현이다. 따라서 Logos는 세계 내에서는 필연성 또는 생기의 법칙으로서 내재하고 인간에 있어서는 이 생기의 법칙을 통해서 Logos와 합일할 수 있고 행위상의 당위성을 인식하는 이성으로서 내재한다. Logos는 세계를 초월해 있으면서 세계 내에서는 은폐된 법칙으로서 현현한다.23)

그러므로 Logos는 개념으로 규정될 수 없다. 야스퍼스는 헤라클레이토스의 Logos를 다음과 같이 이해하고 있다.

> Logos란 것은 다른 말로서도 옮겨질 수 없고 개념으로서도 규정될 수 없다. Logos는 말(Wort), 담화(Rede), 담화의 내용(Inhalt der Rede), 이해(Sinn) — 이성(Vernunft), 진리(Wahrheit) — 법칙(Gesetz), 존재자체(das Sein selbst) 등을 의미한다.24)

헤라클레이토스에 있어서 Logos는 단순히 규정될 수 없고 인용문에서 언급한 (야스퍼스가 위의 인용문에 말하고 있는) 모든 의미들을 포괄적으로 지니고 있다. 따라서 Logos는 이러한 의미들 가운데 어느 한 의미에만 국한되는 것이 아니다. Logos는 무규정적이면서 무한정으로 규정되는 포괄자이다. 그러므로 Logos는 많은 지식에 의해서 드러나는 것이 아니고 본래적인 인식에 의해서, 즉 자기 자신을 성실히 인식함으로

---

23) Fragment, Band Ⅰ, 178쪽.
24) G.P., 632쪽.

써 자기를 뛰어넘어서는 실존에의 복귀에 의해서 이해된다.25)

헤라클레이토스의 이러한 Logos는 오르테가의 생적 이성 가운데 지양·극복된 채 전개되어 있다. 오르테가의 생적 이성에는 Logos의 존재 자체와 법칙성의 의미는 없다. 생적 이성에 있어 말, 담화, 이해, 즉 감수성 또는 진리에의 인지라는 의미는 분명히 헤라클레이토스의 로고스가 가지고 있는 포괄적인 의미로부터 비롯한다. 물론 생성과 소멸의 전체로서 흐름의 법칙성, 이법, 이치, 소이연(까닭), 원리 등이 말, 담화, 이해 따위의 상징, 은유, 암호로서 표현되어 있다. 그러므로 오르테가의 생적 이성이 설화이성 또는 이야기이성이라고 말할 경우 양자간의 유사성은 표현상의 의미이다.

그러나 Logos가 말, 담화, 이해라는 암호로서 표현될 때 이 말이 담화란 흐름의 역사성을 뜻한다고 본다면(생적 이성이 흐름으로서의 삶의 역사성으로 이해되는 한) Logos와 생적 이성 간에는 근사성(近似性)이 있다고 보아야 할 것이다. 오르테가의 다음과 같은 말을 음미해 보면 이 양자간의 근사성을 헤아려 볼 수 있다.

생적 이성은 이야기(ein Erzählung)에서 성립한다. 순수한 물리학적 수학적 이성과 대조되는 설화이성(eine erzählende Vernunft)도 또한 있다. 인간적인 것을 ― 그것이 개인적인 것이든 집단적인 것이든 간에 ― 이해하기 위하여 사람들은 역사를 이야기하지 않으면 안 된다. 이 인간, 이 국민은 이러저러하게 행하면서 이러저러하게 존재한

---

25) G.P., 634쪽.

다. 왜냐하면 그는 이전에 저러저러하게 행하면서 저러저러하게 존재하였기 때문이다. … 오늘의 인간은 어제의 인간이 다른 무엇이었기 때문에 현재의 존재 상태로 현존한다. 그러므로 오늘의 인간이 무엇인가(어떤 존재인가)를 이해하기 위해서 우리는 어제 그가 무엇이었던가를 이야기하지 않으면 안 된다. … 설화이성은 생적 이성이다.26)

생적 이성은 흐름으로서 삶의 역사의 저면을 관통하고 있다. 따라서 생적 이성은 삶의 역사성의 이야기 또는 말이다. 이것은 헤라클레이토스에 있어서 Logos가 흐름으로서의 만물의 말 또는 이야기라고 하는 입장에서 유래한다. 그러나 오르테가에 있어서 생적 이성은 존재 자체도 아니고 법칙도 아니고, 오직 인간에 의하여 후천적으로 이루어진 삶의 축적이고 그것 가운데서 발견되는 삶의 지혜이지만, 헤라클레이토스의 Logos는 이와는 다르다. Logos는 흐름으로서의 만물 또는 세계의 생기, 변화, 운동을 가능케 하는 법칙으로서의 존재 자체이다.

여기서 헤라클레이토스의 Logos와 오르테가의 생적 이성을 분명하게 대비시켜 보면 다음과 같다.

헤라클레이토스의 Logos	오르테가의 생적 이성
1) 흐름은 Logos의 집이다.	1) 흐름은 생적 이성의 집이다.
2) 흐름의 이성·법칙이다.	2) 흐름의 역사성이다.
3) 모순·대립·투쟁은 Logos의 세계 내 현존양식이다.	3) 모순·대립·투쟁은 생적 이성의 현현형식이다.
4) 인간에 있어서는 이성으로 내재한다.	4) 인간에 있어서는 Perspektive 로서 나타난다.

---

26) Gesammelte Werke, Band Ⅳ. 373쪽, H.R., 118쪽.

5) 오성의 인식에 의해서는 무와 같고, 이성의 이해에 있어서는 깨달음으로서 나타난다. 6) 설화 또는 이야기 형식으로서 이해된다. 7) 선역사적이다.	5) 삶의 이해를 통한 삶의 지혜의 형태로서 깨우쳐진다. 6) 설화 또는 이야기 형식으로 이해된다. 7) 후역사적이다.

요컨대 Logos와 생적 이성 간에 있어 유사점은 전자는 흐름으로서의 세계 가운데서 이해되는 것이고, 후자는 흐름으로서의 삶의 역사 가운데서 이해된다는 사실에 있다. 이 양자 간에 있어 다른 점은 Logos는 선역사로서의 세계 가운데 이 법으로서 흐르고 있다는 것이고 생적 이성은 후역사로서, 즉 "인간의 이미 존재한 바의 것"으로서 이른바 삶의 역사 가운데 내재하는 지혜 또는 설화로서 존재하고 있다는 사실에 있다.

오르테가의 생적 이성은 삶의 역사성 가운데서 깨달은 하나의 지혜이다. 오랫동안 오르테가의 철학사상을 연구한 랠리(Harold C. Raley)는 오르테가의 생적 이성을 다음과 같이 이해하고 있다.

> 생적 이성은 인간의 과거가 그의 본질이라는 개념에 근거한다. 오르테가는 이성을 역사로부터 이끌어내지만, 역사로부터 추상하는 것은 아니다. 생적 이성은 일방이 타방으로부터 어떻게 나오는가를 우리에게 말함으로써 실재와의 접촉을 가능케 한다. 그러므로 우리로 하여금 인간의 삶의 실재에로 이끌어가는 것은 설화적인 것이다. 생적 이성은 그것이 하나의 방법이라기보다도 깨달음이다. … 생적 이성

은 그것이 삶의 한 형식이고 기능이기 때문에 결코 추상화될 수 없다. … 이성은 삶에 종속되지 않으면 안 된다. 이성은 인간의 주인으로서보다도 오히려 하인으로서 기능을 다하지 않으면 안 된다. 그러나 이성은 제한된 의미에서 하나의 형식적 방법이다.27)

생적 이성은 역사 가운데서 실현되는 것으로 생각되는 역사 외의 이성이 아니고, 오히려 인간에게 일어난 것에 의하여 구성된 하나의 독립적인 이성이다.28) 그러므로 생적 이성은 인간에게 생기된 Drama로서의 과거 속에 내재할 뿐인 실체가 아니고 지금의 삶 가운데, 즉 삶의 현재 가운데 작용하고 현존하면서 장차 행하고자(살고자)하는 계획을 규정하는 설화이다. 생적 이성의 작용과 규정의 형식은 대체로 지금이라는 시점에서 존재의 축적을, 즉 지금까지 인간 자신에 의하여 행하여진 삶의 역사를 "이야기(erzählen od. narrate)하는 것"으로 이루어진다. 이 이유 때문에 오르테가는 생적 이성을 설화(이야기) 이성이라고 일컫기도 한다.29)

생적 이성이 삶의 역사에 있어 "이야기하여지는" 형식은 변증법적이다. 다시 말해서 생적 이성의 동태적인 형식은 삶의 경험의 변증법적 연속으로 나타난다. 따라서 삶의 흐름이 변화이고 운동인 한 불변적, 자기동일적, 고정적 존재를 사유하는 물리학적, 자연주의적 이성 또는 논리적 추상적 이성으로

---

27) Harold C. Raley, Jose's Ortega y Gasset, Philosopher of European Unity(Alabama: The University of Alabama Press, 1971), 218쪽. 이하 P.E.U.라고 약기함.
28) Gesammelte Werke, Band Ⅳ, 358쪽.
29) P.E.U., 12쪽.

서는 이 삶을 이해하는데 실패할 수밖에 없다. 삶은 생적 이성에 의해서만 이해되고 형성된다.

III. 삶에 있어서 생적 이성의 현존 양식

모든 것을 흐름, 변화, 운동으로 보는 헤라클레이토스의 시각은 오르테가에 있어 삶을 조명하는 시각으로 발전되고 있다. 오르테가에 있어 삶은 영속적인 흐름이고 변화이지만, 그것은 헤라클레이토스의 흐름의 형식으로부터 기원하는 것으로서 모순·대립·투쟁의 통일이라는 형식으로 현전한다. 흐름으로서의 삶이 그 내적 구조인 바 모순·대립·투쟁의 통일로서 실현된다는 것은 곧 삶이란 변증법적으로 전개된다는 것을 의미한다. 이것은 전적으로 흐름을 모순·대립·투쟁의 통일에서 보는 헤라클레이토스의 관점으로부터 시사받은 것이다.

삶이란 인간이 행한 행위들, 즉 현재까지 축적해온 경험들과 이 경험들을 근거하여 장차 행하고자 하는 행위들의 기획들로 구성된다.

인간이 이미 행하여온 행위들, 즉 인간이 이미 존재하여온 바의 것, 이른바 존재의 경험들은 인간이 가지고 있는 본질로서의 자연 또는 Eleaticismus의 측면에서 굳이 말한다면 고정적 존재이다.[30] 이것은 어떤 본성 및 본질도 가지고 있지 않은 결여존재(缺與存在), 즉 무의 존재로서 인간이 삶을 형성할 경우에 불가피적으로 고려해야만 하고 또한 소극적으로

---

[30] Gesammelte Werke, Band Ⅳ, 358쪽.

나마 작용하는 역사성이다. 이 점에서 이미 존재한 바의 것, 존재의 경험은 곧 역사가 된다.

그러므로 역사는 인간이 행한 행위들 또는 인간이 존재하여온 존재의 경험들의 단순한 기록이 아니다. 역사란 이미 사라져 버린 과거가 아니고 다소 변경된 형식에 있어서라고 하더라도 현재 가운데 계속해서 현존하는 존재의 경험이다.[31] 오르테가의 다음과 같은 말은 이러한 입장을 잘 반영하고 있다.

> 유럽인들은 이미 민주주의적, 자유주의적, 전제주의적, 봉건주의적으로 존재하였다. 그러나 그들은 이젠 더 이상 이런 존재형식으로서는 존재하지 않고 있다. 엄밀히 말해서 그것은 유럽인들이 일반적으로 더 이상 이와 같은 존재형식을 경험하면서 존재할 수 없음을 의미하는 것일까? 물론 그렇지는 않다. 유럽인들은 여전히 이 모든 존재형식으로서 존재하고 있다.[32]

삶은 존재론적으로 역전될 수 없다. 따라서 인간은 계속해서 자기 앞에 무한히 열려있는 가능성들 가운데 그 무엇을 선택하지 않으면 안 된다. 다시 말해서 인간은 자기 자신에게 개방되어 있는 존재의 여러 가능성 가운데 자기 자신이 존재하고자 하는 바의 것을 선택하지 않으면 안 된다. 그러나 인간은 어떤 순간에 있어서이건 간에 무엇이든지 선택할 수 있는 것은 아니다. 인간은 각 순간마다 자기 자신 앞에 제한된 여러 가능성만을 가지고 있다.[33]

---

31) P.E.U., 5쪽.
32) Gesammelte Werke, Band Ⅳ, 369쪽.

우리 앞에는 존재의 여러 가능성이 있지만, 우리의 배후에는 우리가 이미 존재했던 바의 것이 있다.(Vor uns eröffnen sich die verschiedenen Möglichkeiten des Seins, aber hinter uns liegt, was wir gewesen sind)34)

우리가 이미 존재했던 바의 것은 항상 우리 앞에 개방되어 있는 여러 가능성 가운데서의 선택에 제약을 가한다. 바꾸어 말해서 우리가 이미 존재했던 바의 것은 우리가 존재할 수 있는 바의 것에 대하여 소극적으로 작용한다.(das, was wir waren, wirkt negativ auf das, was wir sein können.) 이 말은 우리가 존재하고자 하는 바의 것이란 우리가 이미 존재했던 바의 것, 즉 삶의 경험에 의존한다는 것을 의미한다. 이 삶의 경험은 역사의 실체로서, 현재 속에 영속하면서 새로운 존재 계획을 한정시킨다. 여기서 우리가 이미 존재했던 바의 것, 즉 삶의 경험은 과거이고 우리가 존재할 수 있는 바의 것은 미래이며 이 과거와 미래를 통일하는 단일시점이 곧 현재, 즉 지금이다.35)

오르테가에 있어서 존재의 이 삼차원은 바로 헤라클레이토스의 모순·대립 투쟁의 통일이라는 흐름의 변증법의 발전적 반영이다. 이러한 존재의 삼차원의 변증법이 헤라클레이토스의 원환운동과는 달리 직선운동의 형식으로 전진적인 연쇄를 이루고 있다는 점에서 삶의 실체로서 역사란 진보를 그 본질로서 가지고 있다. 그러므로 오르테가의 역사관은 낙관론에 속한다.

---

33) 같은 책, 366쪽.
34) 같은 책, 368-369쪽.
35) 같은 책, 같은 쪽.

오르테가에 있어서 존재의 변증법적 연속은 개인의 삶의 영역에서만 이루어질 뿐만 아니라, 집단으로서의 사회 및 시대의 영역에서도 이루어진다. 오르테가의 다음과 같은 말은 이러한 생각을 잘 드러내고 있다.

> 삶의 경험이란 단지 나의 과거만으로서, 즉 내가 개인적으로 가지고 있는 경험만으로서는 구성되지 않는다. 삶의 경험은 나의 역사적 환경, 즉 내가 살고 있는 시대와 사회에 의하여 나에게 전달된 나의 조상들의 과거로 구성되어 있다. 사회는 지적, 도덕적, 정치적, 기술적 관습, 즉 놀이와 행락의 목록으로 이루어진다. … 사회란 각 시기마다 어떤 형태의 사회로 존재하고자 할 것인가 하는 문제에 대한 결정은 개인적인 삶의 경우와 마찬가지로 그 사회가 이미 존재하였던 바의 것에 의존한다.[36]

위에서 본 바와 같이 삶은 절대적인 현재(absolute Gegenwart)이다. 우리는 그 무엇이 현재적이지 않고는, 즉 그것이 현실적이지 않고는(Man kann nicht sagen, es gibt etwas, wenn es nicht gegenwärtig aktuell ist) 그것이 존재하고 있다고 말할 수 없다.[37] 과거가 존재한다면 과거는 우리의 현재 또는 지금 가운데 작용하고 있지 않으면 안 된다. 따라서 우리의 현재 또는 지금은 우리가 이미 존재하였음과 우리가 장차 존재할 수 있음의 통일로서 구성된다. 이러한 형식으로 존재의 흐름, 즉 삶의 흐름은 계속해서 지속한다. 이러한 관점에는 분명히 헤라클레이토스의 흐름의 형식

---

36) 같은 책, 370쪽.
37) 같은 책, 372쪽.

인 이른바 "A는 A이면서 非A이다"라는 Schema가 적용되고 있음을 알 수 있다. 구체적으로 말해서 우리가 이미 존재한 바의 것이 eleatische한 자기동일적, 불변적, 고정적, 확정적 존재라면 우리가 존재하고자 하는 바의 것, 즉 우리가 존재할 수 있는 바의 것은 비엘레아적 존재(ein nicht eleatische Sein), 즉 비동일적 존재이다.

오르테가가 이미 존재하였던 바의 것을 지양·극복하여 존재하고자 하는 바의 것을 계획하는 것에서 삶의 흐름이 이루어진다는 주장은 헤라클레이토스가 세계의 동일적 존재를 비동일화시키는 데에서 그의 철학함의 의미를 찾고자 하는 태도의 창발적인 전개이다. 오르테가는 이러한 견해를 다음과 같이 밝히고 있다.

> 만일 우리가 전통적인 의미에 있어서 존재를 기재, 즉 고정적 정태적 불변적 소여존재라고 말한다면 인간에 있어 존재의 유일한 요소, 즉 자연의 유일한 요소는 인간이 이미 존재했던 바의 것임을 말하지 않으면 안 될 것이다. 과거, 즉 이미 존재했던 것이 인간의 동일성의 계기, 인간의 유일한 물적 요소이다. … 비엘레아적 존재란 이미 존재한 바의 것이 아닌 것, 즉 사실상 존재하는 바의 것(우리 자신의 현존성)을 의미한다.38)

동일성을 비동일화시키는 Schema는 오르테가의 삶의 구조적 분석에 부단히 적용되고 있다. 다시 말해서 동일성이 지양·극복되어 비동일화되는 과정의 영속적인 진행은 삶의 흐

---

38) 같은 책, 372쪽.

름에 그대로 적용되고 있다. 예컨대 인간이란 근본적으로 환경에 의하여 그에게 제기되는 난문제들에 대한 만족스러운 해답을 주는 삶의 계획을 자기 스스로 고안한다. 그러나 삶의 계획은 모든 난문제를 해결시켜 주지 못하며, 오히려 다른 새로운 난문제를 야기시킨다. 이 경우 인간은 다른 또 하나의 삶의 계획을 고안한다.

그러나 이 제2의 계획은 환경을 고려할 뿐만 아니라 또한 최초의 계획도 고려해서 고안되지 않으면 안 된다. 인간은 삶의 새로운 존재 계획을 수립함에 있어 과거(최초)의 여러 결점을 피하고자 기도한다. 제2의 계획 속에서는 어떤 형태로서이든 최초의 계획이 아직도 작용한다. 그러므로 오르테가는 "제2의 존재 계획에서, 즉 제2의 철저한 실험에서 제3의 계획이 따라 나온다. 제2와 제1의 계획을 고려해서 제3의 계획이 형성된다."39)고 말하고 있다.

이처럼 인간은 동일과 비동일, 즉 존재와 비존재를 계속한다. 그리하여 인간은 존재를, 즉 과거를 계속 축적한다. 이 존재의 축적이 계속 지양되는 가운데 경험의 변증법적인 연속(die dialektischen Reihe der Erfahrungen)이 형성되고 동시에 역으로 이 경험의 변증법적 연속이 존재를 형성하기도 한다. 오르테가는 이것을 생적 이성의 변증법(die Dialektik der vitalen Vernunft) 또는 현실적 변증법(die Realdialektik)이라고 일컫고 있다.40)

흐름으로서의 삶 또는 삶의 실체로서의 역사는 생적 이성의 변증법에 의해서 형성되고 지속된다. 존재 계획(das

---

39) 같은 책, 374쪽.
40) 같은 책, 같은 쪽.

Seinsplan)의 수립에 있어 어떤 형태로든 그것에 대해서 작용하고 제약을 가하는 존재의 경험, 이미 존재한 바의 것, 존재의 축적, 과거 등은 마치 헤라클레이토스에 있어 Logos가 세계 내에 은폐하고 있는 것처럼 생적 이성이 은폐하고 있는 세계이기도 하다. 따라서 생적 이성은 우리의 주관으로부터 나와서 세계에 투여된 것이 아니고 인간에 의하여 형성된 존재의 축적 또는 삶의 경험에서 발견되는 이성이다.

생적 이성은 존재의 축적에서 나오는 설화이성이고 이 설화형식을 통해서 존재 계획을 설정한다는 점에서 존재할 수 있는 바의 것으로서의 미래를 선취한다. 그러므로 생적 이성은 존재의 증진 및 존재의 진보, 즉 역사의 발전을 지향한다.

모든 것을 "흐름"으로 보는 오르테가의 생적 이성의 변증법은 헤라클레이토스의 "흐름의 철학"에서 비롯한다. 전통적인 존재론에서 사유의 근원으로서 탐구하는 바 존재의 설정을 철저하게 거부하고 현실적 삶에 이해의 근원을 두는 오르테가의 철학함은 오르테가 자신도 고백하고 있는 바와 같이 헤라클레이토스의 panta rhei에 그 근원을 두고 있다.

오르테가는 헤라클레이토스의 "흐름의 고리"에서 양극적인 대립자들 간의 상호전화의 형식을 발견했다. 오르테가는 이러한 대립자들 간의 상호전화의 국면에서 "A는 A이면서 非A이다"라는 형식논리를 도출하고 있다. 이 형식논리는 자기동일적(eleatische 한) 존재란 근본적으로 비동일적인 것이 된다는 흐름의 필연성을 오르테가가 Schema로 표현해 본 것이다.

오르테가는 이러한 Schema를 그의 생적 이성의 변증법의 기초로 삼고 있다. 그의 삶의 구조분석도 헤라클레이토스의 이러한 Schema의 조명에서 시도되고 있다. 따라서 우리가 이미 존재한 바의 것과 우리가 장차 존재하고자 하는 바의 것이 지금 이 시점에서 통일되는 데 삶의 역사성이 이루어진다는 오르테가의 관점은 대립자의 모순·투쟁을 통한 통일에서 세계의 형성의, 즉 흐름의 가동적 구조가 형성된다는 헤라클레이토스의 입장의 현대적 반영이다.

오르테가의 생적 이성이 존재의 축적, 존재의 경험, 이미 존재한 바의 것에 은폐되어 있고 그리고 그것의 이해가 존재의, 즉 삶의 역사를 이야기하는 데에서 일종의 설화이성으로 나타난다는 것도 세계 내에 은폐되어 있다. 이것은 일체의 흐름 또는 전화의 까닭이 되고 있는 Logos에서 시사받은 것이다. 물론 이것은 오르테가의 생적 이성이 헤라클레이토스의 Logos와 동일하다는 것을 말하는 것이 아니다. 이것은 오르테가가 생적 이성을 전통적인 이성에 반대하여 창출시킴에 있어 헤라클레이토스의 Logos에서 감지한 일종의 정조가 상당히 작용했음을 뜻한다.

오르테가의 생적 이성이 설화이성인 한 진리는 존재의 경험, 즉 지금까지 존재한 바의 것에 대하여 이야기하는 데에서 드러난다. 이 이유에서 오르테가가 그의 모든 철학적 입장을 밝힘에 있어 이야기 형식을 채용하고 있다는 것은 매우 인상적이다. 이와 같은 인상은 헤라클레이토스의 단편들에서도 감지된다.

오르테가의 생적 이성의 변증법이 나타내고 있는 흐름의 국면은 직선적인 전진운동의 양식을 반영하고 있지만, 헤라클레이토스의 Logos의 변증법이 나타내고 있는 흐름의 국면은 원환운동의 양식을 보여주고 있다. 따라서 오르테가의 생적 이성의 변증법에는 삶의 환희, 난관, 긍정이 흐르고 있고, 헤라클레이토스의 Logos의 변증법에는 삶의 비극, 염세, 절망이 내재하고 있다.

제3장 오르테가의 기술론

 인간의 삶은 근본적으로 '잘삶'을 목적으로 하여 전개되는 하나의 드라마이다. 이 드라마는 인간이 자연을 넘어서는 데서 이루어진다. 자연을 넘어선다는 말은 자연이 인간에게 제공하지 않는 존재를 현존시키거나 또는 구현시키기 위해 자연을 개조하고 자연을 초월하는 것을 뜻한다. 기술은 인간의 이러한 행위의 한 형식이다. 인간이 자연을 개조하여 편리와 안락을 도모하는 것이 기술이라고 한다면 기술은 곧 '잘삶'의 동의어적 현상이다. 오르테가는 이처럼 기술을 삶에의 존재론적 분석을 통해서 논의하고 있다.

I. 삶의 초자연적 조건으로서 기술

 오르테가에 의하면 인간의 삶은 본능에 의하여 영위되는 것이 아니고, 의지 및 사고에 의해서 영위된다.41) 왜냐하면

---

41) Ortega : Man the technician. W.W.Norton @ Company INC, 1961. 88쪽. / Ortega ; Gesammelte Werke. Band Ⅳ, 8

인간은 삶을 포기하고자 할 때 항상 자살을 감행할 수 있고, 삶을 고집할 경우에는 강렬하게 삶을 영위할 수도 있기 때문이다. 인간이 먹는 것, 마시는 것, 몸을 따뜻하게 하는 것 등은 삶의 영위를 위해서 필요한 삶의 자연적 조건이다. 그러나 이러한 여러 조건들은 삶을 고집하는 경우에 있어서만 필요한 조건들이고 삶을 포기하고자 할 때 그것은 필요하지 않는 조건들이다. 인간은 이러한 여러 조건을 주관적인 필연성으로 느낀다.42) 따라서 인간이 살고자 할 때 이러한 여러 필요들의 만족은 삶을 영위하고자 하는 제1차적인 계열의 행위로서 나타난다. 그러나 인간의 이러한 여러 필요들의 만족은 새로운 필요들을 부과한다.43) 이 새로운 필요들이란 장소를 이동하는 일, 걷는 일, 바꾸어 말해서 거리를 극복하는 일이다.44) 거리를 극복하는 일이 필요할 경우 인간은 우선 시간을 극복하지 않으면 안 된다. 예컨대 인간은 적의 공격을 받았을 때-맹수나 다른 사람의 공격을 받았을때-도망하지 않으면 안 된다. 다시 말해서 인간은 가능한 한 최소의 시간에 최대의 거리를 극복하지 않으면 안 된다. 바로 여기에 삶의 초자연적 조건이 성립될 근거가 생긴다.45)

오르테가는 먹는 것, 마시는 것, 몸을 따뜻하게 하는 것 등과 같은 행위를 인간의 원시적인 필요들이라고 부르고 시간과 공간의 극복을 위한 행위를 초자연적인 필요들이라고 부른다.46) 왜 오르테가는 먹는 것, 마시는 것, 몸을 따뜻하게

쪽 * 이하 Werke Bd. Ⅳ라고 약기함.
42) 같은 책, 90쪽. / Werke Bd. Ⅳ, 11쪽.
43) 같은 책, 90쪽. / 위의 책, 같은 쪽.
44) 같은 책. / 위의 책, 같은 쪽.
45) 같은 책, 92쪽. / 위의 책, 42쪽.

하는 것 등의 필요들을 원시적 필요들이라고 일컫는가? 오르테가는 다음과 같이 말하고 있다.

> 가을에 일어나는 뇌우의 번갯불은 나무를 불태운다. 그 때문에 인간은 우연히 자기에게 주어진 자애스러운 불에 가까이 다가가서 몸을 따뜻하게 하고자 한다. 인간은 우연히 발견한 불을 단순히 이용함으로써 자기의 필요를 충족시킨다. 몸을 따뜻하게 하고자 하는 행위는 자연에 의하여 자기 자신에게 주어져 있음을 발견하는 행위, 즉 걸어서 열의 근원에 접근하는 능력과 일치한다. 인간의 다른 또 하나의 필요는 먹는 일이다. 인간은 이러한 필요를 나무로부터 따낸 과실, 즙, 식용 초근 및 자기의 수중에 들어오는 동물들을 먹음으로써 충족시킨다.47)

먹는 일, 마시는 일, 몸을 따뜻하게 하는 일 등은 삶을 위해 필요한 자연적 조건들이다. 이것은 인간의 자연에의 순응이고 일치이다. 따라서 그것은 삶의 가장 원시적 필요가 아닐 수 없다. 인간은 이 원시적 여러 필요들을 충족시키는 것을 거부하기로 결정할 수도 있다. 먹는 일은 그 자체가 필요한 것이 아니다. 먹는 일은 삶과의 상관적인 관계에 있어서만 필요하다. 그러므로 삶은 오르테가에 의하면 원시적 필요이며, 그 이외의 다른 모든 것은 삶의 단순한 귀결이다.

삶의 필요성은 앞에서 본 바와 같이, 마치 자기 자신을 파괴할 수 있는 능력이 물질에게 부과되어 있지 않는 것처럼,

---

46) 같은 책, 90-95쪽. / 위의 책, 8-11쪽.
47) 같은 책, 89쪽. / 위의 책, 8-9쪽.

인간에게 강제적으로 부과되어 있지 않다. 이 점에 대해서 오르테가는 다음과 같이 주장하고 있다.

> 삶은 - 필요들 중의 필요-단지 주관적인 의미에 있어서만 필연성이다. 그것은 단순히 인간의 살고자 하는 자주적 결의 때문이다. 삶의 필요성은 의지 행위에서 생긴다.[48]

인간은 비록 자기가 자기 자신을 섬멸하고 자발적으로 세계 내에서 자기의 존재를 포기할 수 있는 능력을 부여받은 것으로 알려진 유일한 존재자라고 하더라도 세계 내에 존재하고자 하는 강렬한 욕구를 가지기 마련이다. 이 욕구가 너무나 강렬하기 때문에 인간은 자기의 삶의 필요들을 충족시킬 수 없다. 자연은 인간에게 그것을 만족시킬 수 있는 필요불가결한 수단을 제공하지 않는다. 그럼에도 불구하고 인간은 결코 자기 자신을 체념하지 않는다.

인간은 단순히 자기 자신을 자연에 순응시키지 않고, 오히려 자연을 자기 자신에게 순응시키는 행위를 시도한다. 예컨대 인간은 불이나 동굴이 없어서 자기 자신 몸을 따뜻하게 할 수 없거나 또는 열매, 풀뿌리, 동물들이 없어서 먹을 수 없을 경우에 제2단계의 활동을 감행한다. 인간은 열기를 획득하고 집을 짓고, 밭을 경작하고, 자동차를 조립한다.

이 행위들은 이전에는 존재하지 않았던 대상을 자연 내에 창조함으로써 자연을 개조하고 개선한다. 이 대상들은 자연 내에 전연 존재하지 않았고 그것들이 필요해진 장소와 시기조차 없었다. 여기서 우리는 결국 인간만이 소위 기술적인 행

---

[48] 같은 책. 92쪽. / 위의 책. 11쪽.

위를 가진다는 사실을 파악할 수 있다. 이러한 행위들이 총체적으로 기술을 구성하며 이 기술은 인간의 자연적 필요들의 만족을 위해서 인간 자신이 자연에 부과한 개조로서 규정된다.49)

먹는다, 마신다, 몸을 따뜻하게 한다, 등 — 이러한 필요들이란 자연에 의하여 인간에게 부과되며, 인간은 이러한 자연에 대하여 여러 변화를 부과함으로써 응답한다. 그러므로 기술이란 인간의 자연 또는 환경에 대한 반응이다.50) 기술은 새로운 자연의 구축, 즉 인간과 원시적인 자연 사이에 끼여든 초자연의 구축에로 이끌어 간다.

오르테가는 이 세계 내에는 이중의 기묘한 사례가 있다고 피력하고 있다. 첫째는 동물의 본능적 행위이고 둘째는 인간의 기술적 행위이다.51) 이 두 가지 사례에 있어 인간과 동물은 뚜렷이 구별된다. 동물은 삶의 자연적 필요들을 만족시킬 수 없을 때, 예컨대 불도 없고 동굴도 없을 때 아무런 활동을 하지 않고 자기 자신을 죽어가게 그냥 내버려둔다. 이와 반대로 인간은 새로운 유형의 행위를 기도한다. 인간은 그가 자연 안에서 발견하지 못하는 것을 제작한다. 인간은 그것이 전연 존재하지 않거나 또는 그것을 필요로 할 때 가까이 없는 까닭에 그것을 제작한다. 동물은 항상 풀 수 없을 정도로 삶의 필요들과 결부되어 있다. 동물의 현존이란 단지 원시적 필요들, 즉 유기적 생물학적 필요들과 그것들을 만족시키는 행위의 집합에 불과하다. 이것은 유기적 생물학적 의미에 있어서의 삶이다.52)

---

49) 같은 책, 95쪽. / 위의 책, 12쪽.
50) 같은 책, 100쪽. / 위의 책, 같은 쪽.
51) 같은 책, 100쪽. / 위의 책, 19쪽.

이렇게 볼 때 인간의 삶은 주관의 환경에의 순응에 의하여 유기적 삶을 유지하고자 하는 목적을 가지는 것이 아니고, 환경을 주관의 의지에 순응시키므로 해서 "잘삶"을 증진시키고자 하는 목적을 가진다.53) 오르테가는 인간의 삶이 궁극적으로는 "잘삶"을 그 목적으로 삼는 한 인간의 근본적인 필요, 즉 필요들 중의 필요는 삶이 아니고 잘삶이라고 주장한다.54) 따라서 인간의 살고자 하는 욕구, 즉 세계 내에 존재하고자 하는 욕구는 잘 살고자 하는 인간의 욕구와는 불가분리적이라는 결론이 나온다. 오르테가는 인간의 삶을 단순히 세계 내에 사는 것으로 이해하지 않고 잘 사는 것으로 이해한다. 바꾸어 말해서 인간이 자기의 자주적 결의에 의하여 삶을 영위하고자 할 때 자연, 즉 환경 내에서 살지 않을 수 없고 환경 내에서 삶의 자연적인 필요들을 만족시키기 위해서는 필요들을 제거하는 방향으로 자연을 개조하지 않으면 안 된다. 오르테가는 자연을 인간의 주관에 순응시키는 형태로 개조하는 행위를 유기적 삶을 유지시키는 동물적 행위에 대비하여 인간의 제2단계의 행위, 즉 초자연적인 행위라고 말한다. 이 초자연적인 행위란 자연이 인간의 삶의 원시적인 여러 필요들을 만족시킬 수 있는 수단을 제공하지 않기 때문에, 자연 내에는 현존하지 않는 대상을 창조 하는 행위, 즉 기술적 행위를 뜻한다. 이러한 대상의 창조가, 즉 기술적인 행위가 원시적 필요의 중지와 자연의 개조와 잘삶의 증진을 도모한다. 그러므로 오르테가는 "인간과 기술과 '잘삶'은 결국은 동의어이다."55)라고 주장하고 있다.

---

52) 같은 책, 92-93쪽. / 위의 책, 12쪽.
53) 같은 책, 100-101쪽. / 위의 책, 20쪽.
54) 같은 책, 99쪽. / 위의 책, 19쪽.

기술은 잘삶의 필요에 의하여 야기되고 제기되는 행위의 체계, 즉 삶의 초자연적 조건이다. 따라서 기술을 마치 그것이 독립적인 실재인 것처럼 고찰하고자 시도한다는 것은 도로(徒勞)에 그치고 만다. 오르테가에 의하면 기술은 미리 우리에게 알려진 단일한 목적에 의하여 지배되지 않는다.

기술은 다양한 형태로 변화한다. 왜냐하면 삶이란 생물학적인 의미에서 일회적으로 각각의 종류를 위해서 규정된 단호한 존재자이지만, 이에 반해서 인간적인 "잘삶"의 의미에서 삶은 항상 가변적이고 무한한 정도로 다양하기 때문이다. 그러므로 오르테가는 다음과 같이 말한다.

> 잘삶의 윤곽은 무수한 시간을 통해서 변화해왔고, 때로는 철저적으로 변화해 왔기 때문에 일정한 기술적 진보가 포기되었으며, 따라서 그러한 진보의 흔적이라고는 없다.56)

기술은 곧 잘삶이고 그것의 본질은 변화와 다양이다.

---

55) 같은 책, 99쪽. / 위의 책, 같은 쪽.
56) 같은 책, 102쪽. / 위의 책, 21쪽.

Ⅱ. 기술의 심층 지대로서 삶의 분석

오르테가는 "인간이란 자연 및 세계 내에 현존하는 존재 방식을 가지는 존재자다"라고 주장하고 있다.57) 일방이 타방 내에 존재하는 관계는 세 가지 가능한 관계의 양상을 지니고 있다. 첫째는 세계란 인간에게 세계 내에서의 현존을 위한 편의 이외에 아무 것도 제공하지 않는다는 점이고, 둘째는 세계가 인간에게 곤란 이외에 아무 것도 제공하지 않는다는 점이다. 셋째는 세계가 인간을 편의와 곤란의 복잡한 망으로 둘러싸고 있다는 점이다.58)

첫째의 가능한 관계의 양상은 인간의 존재가 자연의 존재와 완전히 일치하며 인간은 자연적 존재임을 의미한다. 이러한 관계의 양상은 대체로 돌, 식물, 동물의 존재방식이다. 이것은 인간의 경우 인간으로 하여금 아무것도 부족함이 없도록 하며 아무것도 필요한 것이 없도록 만들어준다. 그러므로 오르테가는 이러한 존재방식이 인간에게 어떤 결과를 가지고 오는가에 대해서 다음과 같이 말하고 있다.

> 그것이 인간의 경우라면 인간의 욕망과 만족은 똑같다. 인간은 세계 내에 현존하지 않는 것에 대해서는 전연 원하

---

57) 같은 책, 109쪽. / 위의 책, 27쪽.
58) 같은 책, 109-110쪽. / 위의 책, 같은 쪽.

지 않으며, 역으로 말해서 인간이 원한 것이면 무엇이든지, 마치 마법의 지팡이의 아름다운 이야기에 있어서와도 같이 자연히 존재한다. 이와 같은 존재자는 세계를 그 자신과는 다른 이방인으로서 경험할 수 없다. 왜냐하면 세계는 인간에게 저항을 나타내지 않기 때문이다.59)

이러한 존재 방식은 근본적으로는 인간의 삶의 본질적인 존재방식이 아니다. 인간이 이러한 방식으로 세계 내에 존재한다면 인간은 동물적인 존재로 전락하고 만다. 오르테가는 이 존재방식을 대체로 순수용이라고 일컫고 있다.60) 원시인은 바로 순수용이의 삶을 영위한다.

둘째의 가능한 관계의 양상에 의하면 세계는 인간에게 곤란 이외에 아무것도 제공하지 않는다. 그런 한에 있어서 세계는 인간에게는 하나의 장애 이외에 아무것도 아니다. 따라서 여기에 인간은 하나의 엄청난 곤란을 겪는다. 이리하여 오르테가는 이러한 곤란을 놓고 순수곤란이라고 표현하고 있다.61) 이 경우에 세계는 인간을 위해서 기다리고 있는 것이 아니다. 인간은 세계 내에 존재할 수 없다는 말이다. 인간의 삶도 존재할 수 없고, 따라서 기술도 존재할 수 없다.

셋째의 가능한 관계의 양상에 의하면 세계 내에는 편의와 곤란 이외에는 다른 아무것도 없다. 오르테가는 이 제3의 가능성에 관하여 다음과 같은 실례를 들어서 역설하고 있다.

---

59) 같은 책, 109쪽. / 위의 책, 같은 쪽.
60) Ortega : History as System. W.W.Norton & Company INC, 1961, p. 200. / Geschichte als System, In : Werke Bd. Ⅳ, 364쪽.
61) 같은 책, 200쪽. / 위의 책, 42쪽.

대지는 인간이 피곤할 때는 인간을 누울 수 있도록 해주며, 도망해야 할 때는 뛸 수 있도록 해줌으로써 인간을 지원해준다. 난파선은 인간에게 견고한 대지의 편의를 절실히 생각나게 한다. 광대한 대지는 인간으로 하여금 그가 갈증을 느낄 때 샘에서 떼어놓는다. 인간의 편의와 곤란에 의하여 둘러싸인다는 이 근본적인 현상은 인간의 삶이라고 일컬어지는 실재에게 그의 특수한 존재론적인 성격을 부여한다.62)

만일 인간이 여러 편의를 직면하지 못한다면 인간이 세계 내에 존재한다는 것은 불가능할 것이고 문제조차 없을 것이다. 인간은 의존할 수 있는 여러 편의를 발견하기 때문에 인간의 현존이 가능하다. 그러나 이 가능성은 인간이란 역시 여러 곤란에 직면하는 이상 계속 도전을 받고 방해를 받고 위험을 받는다. 그러므로 인간의 현존재는 세계 내의 수동적 존재가 아니다. 다시 말해서 인간의 현존재는 세계 내에서 자신을 형성하기 위하여 감행하는 부단한 투쟁이다. 돌의 경우를 보면 이 사태를 잘 파악할 수 있다. 돌은 자기의 현존이 주어진다. 즉 돌은 그것이 존재하는 바의 것이기 위해서 투쟁할 필요가 없다. 인간은 곤란한 환경에도 불구하고 자기 자신이지 않으면 안 된다. 오르테가는 이러한 입장을 다음과 같이 밝히고 있다.

    인간이란 매순간마다 자기의 고유한 현존을 형성하지 않으면 안 된다. 인간은 존재의 추상적 가능성을 부여받는다.

---

62) Ortega : Man the technician, 110쪽. / 위의 책, 28쪽.

그러나 인간은 현실성을 부여받지 않는다. 인간은 경제적인 의미에 있어서 뿐만 아니라 형이상학적인 의미에 있어서도 자기의 삶을 획득하지 않으면 안 된다.63)

여기서 본 바와 같이 인간의 존재와 자연의 존재는 완전히 일치하지 않고 있다. 다시 말해서 인간의 존재는 그 일부는 자연에 친근해 있고 다른 일부는 그렇지 않다. 인간 존재는 자연적이면서 초자연적이다. 인간 존재는 반은 자연에 침잠해 있고 반은 자연을 초월해 있는 것과 같은 기묘한 질료로서 구성된다. 오르테가는 인간에 있어 자연적인 것은 세계 내에 현존하며, 따라서 그것은 문제를 제기하지 않는다고 주장하고 있다.64) 인간이 자연적이라고 말할 경우에 그것은 인간의 진정한 존재가 될 수 없다. 인간에 있어 초자연적인 부분은 세계 내에는 현존하지 않는다. 그것은 단지 하나의 열망, 즉 삶의 계획에 불과하다.65) 오르테가는 이것을 인간의 진정한 존재, 즉 인간의 인격이니 자아라고 일컫는다. 자아는 단지 고안된 계획에 불과하다. 인간이 실행하는 일체는 이 계획의 봉사에서 실현된다. 그러므로 인간은 육체적인 현실성도 정신적인 현실성도 가지고 있지 않는 그 무엇으로서 존재한다. 인간은 계획 자체, 즉 아직도 존재하지 않지만, 그러나 존재하고자 열망하는 그 무엇이다. 그러므로 오르테가는 다음과 같이 말하고 있다.

---

63) 같은 책, 111쪽. / 위의 책, 같은 쪽.
64) 같은 책, 111쪽. / 위의 책, 같은 쪽.
65) Oretega, History as system, 171쪽. / Geschichte als System, 376-377쪽.

인간에게 일어나는 일체의 것은 인간이 생존을 중단시키지 않기 위하여 그 무엇을 하지 않을 수 없는 실현이다. 이것은 삶의 존재양식이 기성존재가 아님을 반증해주는 것이기도 하다. 삶은 이러한 점에서 하나의 과제다.66)

오르테가의 이러한 견해에서 우리는 인간을 세계 내에서 독특하게 만드는 비할 바 없는 엄청난 인간적인 특성에 직면할 수 있다. 다시 말해서 우리는 오르테가가 인간의 존재란 이미 존재하고 있음에서 성립하지 않고, 오히려 자기의 존재가 아직 존재하지 않는 그러한 실재, 즉 아직 존재하고 있지 않는 존재에서 성립하는 존재라고 주장하고 있음을 알 수 있다. 인간은 하나의 사물인 바 육체도 아니고 혼, 의식, 사물인 바 정신도 아니다. 인간이란 사물이 아니고 하나의 드라마, 즉 인간 자신의 삶이다.67) 오르테가는 인간의 삶의 독특한 실재성을 다음과 같이 밝히고 있다.

인간의 삶 자체는 인간에게 마치 그것이 돌에게 주어져 있는 것처럼 기성의 것으로서 부여되는 것이 아니다.68)

삶이란 과거분사가 아니고 현재분사이다.69) 인간 이외 세계 내의 일체의 것은 그것이 현존하고 있는 바의 것에 불과하다. 말하자면 그것의 존재양태가 이미 존재하고 있는 것에서

---

66) 같은 책, 200쪽. / 위의 책, 364쪽.
67) Ortega, What is philosophy / W. W. Norton & Company, INC. 1964. 204-222쪽.
68) Ortega, History as system, 200쪽.
69) 같은 책.

성립하고, 그것의 가능성이 그것의 현실성과 당장 일치하는 바 그러한 존재자에 불과하다.70)

    인간 이외 일체의 사물은 — 그것이 무엇이든지 간에 — 인간이 만나는 것이면 무엇이든지 간에 그것에 대해서 인간 스스로가 부여하는 단순한 해석에 불과하다.71)

이렇게 볼 때 인간은 사물이 아니고 하나의 열망, 즉 이것 저것이고자 하는 열망이다. 인간은 앞서 말한 바와 같이 하나의 드라마, 즉 내가 존재하지 않으면 안 되는 바의 그러한 것이고자 하는 부단한 투쟁이다. 이러한 관점에서 오르테가는 다음과 같이 말한다.

    나인 바, 열망 또는 계획은 나의 주위의 세계에 대하여 그 특수한 측면의 영향을 끼치며 따라서 세계는 이 영향에 대하여 그 열망 및 계획을 받아들이거나 저항함으로써 반응을 나타낸다. 나의 열망은 나의 환경 내에서 곤란이나 편의에 직면한다.72)

이 인용문에서 본 바와 같이 우리가 자연, 환경, 세계라고 일컫는 것은 오르테가에 있어서는 본질적으로 단지 인간이 이 계획을 수행함에 있어 직면하는 편의들과 곤란의 결합에

---

70) Ortega : Man the technician. 113쪽. / Werke Bd. Ⅳ, 30쪽.
71) Ortega, History as system, 200쪽. / Geschichte als System, 364쪽.
72) Ortega, Man the technician. 113쪽. / Werke Bd. Ⅳ, 30쪽.

불과하다. 이 세 가지 명칭은 인간의 그것에 대한 단순한 해석이다. 인간이 세계 내에서 최초로 직면하는 것은 삶의 편의와 곤란의 경험이다. 서양의 전통적 철학에서는 자연과 세계를 자기 스스로 현존하는, 즉 인간으로부터 독립해있는 것으로 간주하고 있다. 사물의 개념도 역시 전통적인 철학에서는 일정한 고정된 존재를 가지고 있고 이 존재를 자기 스스로 가지며 인간과는 독립해 있는 그 무엇으로 이해된다.73) 이 생각은 그릇된 오류다. 다시 말해서 이것은 인간이 최초에 직면하는 것에 대한 인간의 지성의 해석적인 반응의 결과다. 인간이 최초에 대립하는 것은 인간과 떨어져 있는 것도 아니고 인간으로부터 독립해 있는 것도 아니다. 그것은 인간에게 단지 편의와 곤란을 부여하는 데서 존립한다. 바꾸어 말해서 그것은 인간의 열망과 관계를 가지는 데서 존립한다. 그러므로 인간이 최초에 대립하는 것, 즉 세계 및 자연은 단지 인간의 삶의 계획과 관계를 가짐에 있어 하나의 지원이고 장애다. 인간의 열망에 따라서 세계가 부여하는 편의와 곤란은 그 정도에 있어 클 수도 있고 작을 수도 있고 동시에 인간의 열망과 관계를 가지는 세계 역시 이럴 수도 있고 저럴 수도 있다고 오르테가는 주장하고 있다. 이러한 이유 때문에 세계는 각 시대와 각 개인에 있어서조차도 다르게 보인다. 오르테가는 이러한 입장을 다음과 같이 말하고 있다.

    인간의 개인적인 계획의 특수한 프로필에 대해서 세계는 편의와 곤란의 일정한 프로필로서 응답한다. 실업가의 세계는 분명히 시인의 세계와는 다르다. 일방이 비탄에 잠겨 있

---

73) 같은 책. 114쪽. / 위의 책. 31쪽.

는 곳에서 타방은 번영하며 일방이 환희에 잠겨있는 곳에서 타방은 고뇌한다.74)

인간이란 자기 자신이 무엇이고자 열망하느냐에 따라서 세계와의 관계를 가변적인 다양성으로 가진다.
이상에서 본 바와 같이 인간의 삶, 즉 인간의 현존은 본질적으로 문제적이다. 인간 이외의 모든 존재자에 있어 그 자신의 존재는 문제를 제기하지 않는다. 왜냐하면 현존한다는 것은 오르테가에 있어서는 자기 자신의 열망, 즉 계획의 실현을 의미하기 때문이다. 예컨대 황소는 그가 존재하는 경우 황소로서 현존한다.75) 황소는 천 년 전의 황소나 지금의 황소나 동일한 본질로서 현존한다. 이와 반대로 인간의 경우 현존한다는 것은 자기 자신인 바 인간으로서 당장 존재한다는 것을 의미하는 것이 아니다. 오르테가는 인간의 이러한 특성을 다음과 같이 피력하고 있다.

인간은 마치 항상 원점에서 출발하지 않으면 안 되는 호랑이에 있어서와도 같이 영점에서 삶을 시작하는 것이 아니고 그 자신의 생장을 덧붙이는 바 절대량에서 시작한다.76)

그러니까 인간의 경우 현존한다는 것은 자기 자신인 바 인간(현실의 인간)을 성취할 수 있는 가능성이 있다는 사실과 이 가능성을 실현하려는 노력을 의미한다. 다른 일체의 존재

---

74) 같은 책, 115. / 위의 책, 같은 쪽.
75) Ortega, History as system, 219쪽. / Geschichte als System, 377쪽.
76) 같은 책, 220쪽. / 위의 책, 같은 쪽.

와는 달리 인간 존재만이 자기의 존재를 형성하지 않으면 안된다. 다시 말해서 인간은 자기 자신인 바 계획을 실현시키려는 실천적인 과제를 해결하지 않으면 안된다.

이러한 이유 때문에 "나의 삶"은 순수한 과제, 즉 가차없이 형성되어야 할 실재라고 오르테가는 주장하고 있다.77) "나의 삶"은 나에게 현재적인 것으로서 주어지지 않는다. 인간의 삶이란 인간에게 해야 할, 즉 실현시켜야 할 많은 과제를 부여한다. 그런 점에서 인간의 삶은 해야 할 것, 즉 실행해야 할 것 이외에 아무것도 아니다. 이 실행해야 할 것이란 일이 아니고, 가장 능동적인 의미에 있어서의 행위이다. 이러한 점을 고려할 때 인간 존재는 행동을 그 전제로 삼는다. 따라서 인간은 좋든 싫든 간에 자기창조적이요 자기제조적이다. 오르테가는 이 입장에 대해서 다음과 같이 설명을 덧붙이고 있다.

> 자기창조적, 자기제조적이라는 말은 부적당하다고는 생각하지 않는다. 이 말은 인간이 자기의 본질의 근저에 있어서 자기 자신이 기술자일 것을 요구받고 있음을 지각한다는 사실을 강조한다. 삶은 근원적으로 인간에게는 현재적으로 존재하지 않는 것, 즉 자기 자신을 현존시킬려는 노력을 의미한다.78)

요컨대 인간의 삶은 제조(Erzeugung)다. 오르테가가 삶을 이렇게 표현하는 그 의도 속에는 인간의 삶이 수 세기 동안 생각되어 온 바와 같이 명상, 사유 및 이념이 아니고, 행동임을 의미하고자 하는 목적이 들어 있다.

---

77) Ortega, Man the technician, 115쪽. / Werke Bd. Ⅳ, 32쪽.
78) 같은 책, 116쪽. / 위의 책, 32-33쪽.

오르테가에 있어서 산다는 것 — 그것은 인간 자신인 바 계획을 실현하기 위한 수단이고 방법이다. 그리고 또한 세계 및 환경은 자기 자신을 이 목적을 위한 원료와 가능기계(Rohstoff und mögliche Maschine)로 나타낸다. 인간은 현존하기 위해 세계 내에 존재하지 않으면 안 되며 세계는 인간의 존재의 충분한 실현을 즉시 인정하지 않기 때문에 인간은 자기의 목적에 봉사하는 숨겨진 도구, 즉 수단을 탐색하기 시작한다. 이것은 동물의 과제와는 근본적으로 다른 과제, 즉 초자연적 과제이다. 이 초자연적인 과제를 해결하기 위하여 인간은 기술을 필연적으로 가지지 않을 수 없다. 오르테가는 이러한 기술이 시대마다 여러 가지 양상을 가지고 나타났다고 주장하고 있다. 예컨대 1600년 경 갈릴레오, 데카르트 및 후이겐스가 세계를 하나의 기계로서 해석한 것은 오르테가의 이러한 입장을 잘 반증하여 주고 있다. 그들 이전에 물질적 세계는 일반적으로 비기계적 존재자로서 생각되었으나, 그들에 의하여 비로소 세계가 기계 중의 기계로서 해석된 것이다.

이러한 역사적인 한 가지 사실만 보아도 인간이란 기술을 부여받은 존재라고 생각하는 것은 부인할 수 없는 사실이다. 오르테가는 기술이 시작하는 장소에서 인간의 삶은 시작한다고 주장하고 있다.79) 어쨌든 기술은 인간이 세계 내에서 그의 초자연적인 과제를 해결하기 위하여 필연적으로 나타나는 수단, 즉 방법이다. 따라서 기술은 인간의 원시적 필요를 중지시키고 인간의 노력을 경감시킴으로써 인간에게 세계 내에서의 여가를 가져다준다. 이것은 기술의 의미나 궁극적인 목적이 기술 자신의 외부에 있다는 사실, 즉 기술, 그것이 해방

---

79) 같은 책, 117쪽. / 위의 책, 33쪽.

시키는 한가한 정력을 인간이 사용하는 데에 있다는 사실을 시사해 준다. 인간이 세계 내에서 잘삶을 위한 현존을 제공하지 못하는 한 그러한 현존을 시도함에 있어 기술은 적중한다. 이 점에서 기술은 인간에게 크나큰 이익을 가져다 준다. 그러나 기술이 인간의 원시적인 노력을 경감시킴으로써 주어지는 여가와 축적되는 정력의 처리 문제 — 이것은 하나의 엄청난 문제적인 과제이다. 좌우간 이 논의는 뒤에 가서 문제삼기로 하고 우선 여기서 우리가 먼저 말해야 할 것은, 만일 인간이 처음부터 그 자신인 바 초자연적인 열망을 자연의 원료를 사용하여 실현할 것을 강요받지 않았다면 기술적인 기예(技藝)란 존재하지 않았을 것이라는 점이다. 오르테가는 기술의 기원상의 절대적인 사실에 대해서는 다음과 같이 밝히고 있다.

> 기술이라고 일컬어진 절대적인 사실은 다음과 같은 기묘하고 극적이며 형이상학적인 사건, 즉 두 개의 다른 종류의 존재자-인간과 세계-가 일방이, 즉 인간이 자기의 초세계적인 존재를 타방 속에, 정확히 말해서 세계라는 것 속에 가져다 놓지 않으면 안 되는 그러한 방식으로 공존해야 할 의무가 있음이 발견된다는 사실에서 생긴다. 이것을 실현시켜야 할 방법 문제는 인간 실존의 주요 문제다.80)

그리하여 기술은 그것이 가지고 있는 정교를 동원하여 삶이라는 과제를 실현한다. 즉 기술은 인간의 계획을 성공적으로 실현한다. 그러나 기술은 인간의 삶의 계획을 창안하지는 못한다. 왜냐하면 삶의 계획은 기술 이전의 것이기 때문이다.

---

80) 같은 책, 119쪽. / 위의 책, 35쪽.

여기에 기술의 미래적인 한계가 있다고 암시하고 있다. 인간의 삶의 계획은 삶의 전체성을 원근법적으로 관찰하는 이른바 생적 이성에 의해서만 작성된다. 기술은 이 경우 다만 생적 이성에 의하여 존재하고자 열망하는 계획을 실현하는 초자연적 행위에 불과하다. 요컨대 기술이란 오르테가의 입장을 따르면 인간이 자기 자신인 바 초자연적인 계획을 실현하고자 노력하는 그러한 행위의 체계이다.

Ⅲ. 역사에 있어서 기술의 여러 단계

오르테가는 기술을 역사에 있어 여러 단계로 구분하기 위해서는 먼저 원칙을 결정해야 하는데 이 문제야말로 상당히 힘든 결단의 문제라고 전제하고 있다. 종래와 같이 기술의 발전을 구분함에 있어 어떤 중대하고 특징적인 여러 발명의 외관에 의거하는 방법을 단호히 거부한다. 다시 말해서 일정한 발명을 기술과 관련을 가진 것으로 간주하여 기술의 발전 단계를 구분하는 종래의 태도는 하나의 오류이다. 발명은 원래 어느 시대, 어느 장소에 있어서이든 가능하지만, 그러나 아직까지 그것은 진정한 기술적 의의를 가지지는 못했다. 예컨대 역사상 중대한 두 가지 발명인 화약과 인쇄기는 중국에 있어서는 이미 오래 전에 발명되어 있었지만 실제상의 목적에 사용됨이 없이 방치되어 있었다. 화약과 인쇄기가 역사적인 힘이 된 것은 유럽에서는 15세기 경이다. 이것들은 중세 말기 기술의 일반적인 전체 계통 속에 조직적인 태도로서 나타났을 때 역사적인 유효성을 점점 가지게 되었으며, 따라서 그것들은 삶의 계획의 여러 목적들을 저 중세에 실현하는 것을 기여했다.

이렇게 볼 때 기술의 발전을 여러 단계로 구분하는 근본원리는 발명의 외관에서 근거할 것이 아니라, 인간이 기술적 기

능 자체에 대하여 가진 개념에 근거해야 한다고 오르테가는 역설하고 있다.81)

오르테가는 이러한 원리를 근거로 하여 기술 발전을 세 가지 주요 단계, 즉 우연의 기술(die Technik des Zufalls), 직인의 기술(die Technik des Handwerters), 기술인의 기술(die Technik des Technikers) 등으로 구분하고 있다.

역사상 기술 발전의 제일단계로서 우리의 기술이란 곧 문명의 진보가 이루어지지 않은 종족들의 원시기술, 즉 선사시대, 초기 유사시대의 인간과 현대의 미개인의 원시기술을 의미한다. 왜 오르테가는 이러한 원시기술을 우연의 기술이라고 일컫는가. 미개인의 기술에 있어 발명에 책임있는 기술인이란 오직 우연이기 때문이다.

원시인은 자기의 기술 자체에 대해서 전연 모르고 있다. 그는 자기의 여러 능력들 가운데 자기의 욕망에 따라서 자연을 개조할 수 있는 능력이 있다는 사실을 의식하지 못하고 있다. 오르테가는 원시인의 이러한 특징에 대해서 다음과 같이 설명하고 있다.

> 원시인의 기술적 행위는 자기의 자연적 행위의 전체성 속으로 흩어지고 몰입되고 있다. 원시인에게 있어 그것은 자연적 생활의 부분으로 나타난다. 그의 자연적 행위는 한 번으로 고정된, 주어진 축적이다. 그의 기술적 행위도 그러하다. 기술이란 사실상 무제한한 변화와 진보의 수단이라는 것은 그에게 의식되지 않는다.82)

---

81) 같은 책, 141쪽. / 위의 책, 52쪽.
82) 같은 책, 142-143쪽. / 위의 책, 52쪽.

우연의 기술단계에 있어서 기술은 그의 가장 특징적인 국면, 즉 발명의 국면을 드러내지 않고 있다. 원시인은 그가 발명의 능력을 가지고 있다는 사실을 모르고 있다. 원시인의 발명은 미리 숙고하는 사려 깊은 탐구의 결과가 아니다. 원시인은 발명을 탐구하지 않는다. 오르테가의 말에 따르면 발명이 오히려 원시인을 탐구하고 있는 것 같다. 그러므로 오르테가는 다음과 같이 말하고 있다.

원시인은 사물을 끊임없이 우연히 조작하는 과정 중에 문득 우연히 새로운 유용한 방책을 생각해내게 된다. 그가 장난삼아 또 심심풀이로 두 개의 막대기를 서로 마찰시키는 동안 불꽃이 일어나고 두 사물 간에 연관되는 새로운 연관의 환상이 그에게 일어난다. 지금까지 무기 내지 지팡이로서 기여해온 막대기는 불을 일으키는 새로운 사물의 양상을 획득한다.83)

여기서 본 바와 같이 원시인은 자연이 우연히 자기의 앞에 자연의 비밀 가운데 하나를 드러내었다는 사실을 느낄 때 두려움을 느낀다. 불은 원시인에게 있어서는 항상 神的인 힘인 것 같이 생각되었기 때문에, 즉 종교적인 감동을 환기시켰기 때문에 불이 야기시키는 새로운 사실은 마술적인 의의를 가지기 마련이다. 따라서 모든 원시적인 기술은 본래 마술적인 성격을 띠고 있다. 사실 마술은 비록 좌절된 환각적인 기술이라고 하더라도 일종의 기술 이외에 아무것도 아니다. 그러나

---

83) 같은 책, 143-144쪽. / 위의 책, 54쪽.

그것은 원시인에게 신기한 장치를 제공하는 자연의 능력의 부분으로 생각된다.

오르테가는 기술발전의 제2단계로서 직인의 기술을 우연의 기술에 비하여 그 기술적 행위의 계열에 있어 상당히 증대한 것으로 생각하고 있다. 이 제2단계의 기술에 속하는 것으로서는 그리스의 기술, 로마제정 이전의 기술 및 중세의 기술 등이 있다. 이 단계에 있어 기술의 위기와 좌절, 하물며 주요한 공업기술의 돌연한 소멸조차도 아직까지 이들 여러 사회에서는 물질적 생활에 대한 치명적인 타격이 되지 못한다. 이 단계에서는 사람들이 기술적 안락을 즐기면서 영위하는 생활과 그러한 것 없이도 영위해 나가는 생활은 근본적으로 차이가 없다. 예컨대 기술이 실패하거나 저지될 경우에도 생활은 곧 원시생활로 되돌아가서 영위되며 동시에 이 생활은 결정적인 영향을 미치지 못한다. 오르테가는 이 직인의 기술시대에서는 기술적 행위와 자연적인 행위가 혼연일체를 이루고 있다고 주장한다. 그러면서도 이 시대에 있어 인간은 아직 주로 자연에 의존하고 있으며 또 인간 자신에게 있어서도 자연이야말로 가장 중대한 문제로서 제기된다고 생각한다. 이 당시 대부분의 사람들은 기술을 어떤 특정한 일단의 사람들만이 소유한 독립적인 실재로 간주하고 있다. 이러한 독립적인 실재로서의 기술을 소유한 사람을 직인 또는 장인(匠人)이라고 일컬었다. 오르테가는 이 사실에 대하여 다음과 같이 천명하고 있다.

　우리는 기술적 행위가 이때까지 그 수에 있어 그리고 복잡화에 있어 크게 증대했음을 언급해도 좋을 것 같다. 일정한 일단의 사람들이 기술적 행위를 체계적으로 쳐들어 올리

고 전 시간의 업무를 그러한 행위로 수행하는 것이 필연적
이 되었다. 이러한 사람들이 직인 또는 장인이다.84)

이러한 장인을 사람들은 노동 상태에서 이해하며 — 구두
수선장이, 대장장이, 석공 및 마구사 — 기술을 기술자의 형
태로서 이해한다. 말하자면 이 시기의 사람들은 아직 기술이
존재한다는 사실을 모르고 있다. 기술이란 모든 사람들에게
있어 공통한 것도 아니고 자연적인 것도 아닌 특수한 계열의
행위(기능)만을 수행하는 기술자들만이 가지고 있는 것이라
고 사람들은 생각한다. 예컨대 기술의 제2단계에 있어 모든
사람들은 구두 만드는 기술이란 특정한 인간의 고유한 기능
이외에 아무것도 아니라고 생각한다. 요컨대 그것은 단 한번
승인되고 고정된 선천적인 재능으로서 생각된다. 그러므로 오
르테가는 다음과 같이 말하고 있다.

 기술은 고정되고 한정된 것이기 때문에, 즉 본질적인 확
 대를 허용하지 않는 일정한 자금이기 때문에 그것은 자연의
 성질을 띠고 있다. 그러므로 기술은 인간의 본성에 속하는
 것으로 생각되고 있다.85)

직인 또는 장인은 기술자이면서 노동자이다. 그러므로 직
인은 오랜 도제(徒弟)시절 — 도제시절이란 수업시기다 —
을 통하여 전통에 의해 전승된 정교한 기법을 철저히 배우지
않으면 안 된다. 직인은 인간이 전통 자체에 대하여 굴종하지
않으면 안 된다는 규범에 의하여 지배된다. 그의 정신은 과거

---

84) 같은 책, p. 146. / 위의 책, 56쪽.
85) 같은 책, p. 147. / 위의 책, 57쪽.

를 지양하고 새로운 가능성에로 개방된다. 하물며 직인에 있어서는 부단하고 미세한 추이를 통해서 그의 직능에서 일어날 수 있는 바와 같은 그러한 변화와 개량은 근본적인 신기성으로서 나타나지 않고, 오히려 개인적인 스타일과 기능의 차이로서 나타난다. 이러한 명장(明匠)의 유형은 다시금 유파의 형식으로 전승하고, 이리하여 전통의 외형적 성격을 보유한다.

이와 같이 제2단계로서의 직인의 기술은 하나의 도구만을 생산했을 뿐이지 기계를 생산하지 못했다. 엄밀한 의미에서 최초의 기계는 제3의 단계인 기술인의 기술단계에서 가능했다. 최초의 기계는 1825년 로버트에 의하여 제작된 방적기였다. 그것은 자기 스스로 제품을 제작하는 최초의 도구였기 때문에 최초의 기계이다. 이와 더불어 기술은 그것이 이전에 존재했던 바의 것, 즉 수공(手工)이기를 그치고 있으며 기계적인 생산이 된 것이다. 이러한 기술을 오르테가는 기술인의 기술이라고 일컫고 있다. 오르테가는 이러한 입장을 다음과 같이 밝히고 있다.

> 기술은 두 가지 뜻을 의미한다. 첫째는 행위의 계획의 발명, 즉 방법 및 수속 — 그리스인들은 이것을 'mechane'라고 말했다 — 의 발명을 의미하고, 둘째는 이러한 계획의 실행을 의미한다. 전자는 엄밀히 말해서 기술이고, 후자는 단순히 질료를 취급하는 데서 성립한다. 기술자와 노동자는 서로 매우 다른 기능을 수행하면서 기술적 업무를 이행한다. 장인이란 기술자이면서 노동자다. 첫째로 생각되는 것은 손으로 노동하는 인간이고, 둘째로 생각되는 것은 인간의 배후에 있는 기술이다. 장인을 두 개의 요소, 즉 노동자

와 기술자로 분리하는 것은 제3시기의 기술의 주요 징후 가운데 하나다.86)

이러한 기술인의 기술단계에서 사람들은 그들의 자연적 동물적인 부분의 불변적인 행위와는 완전히 다른 능력이 인간에게 있다는 사실을 분명히 인식하고 있다. 사람들은 기술이란 원시시대에 있어서와 같이 우연한 발견이 아님을 인식하고 있다. 이 단계에 있어 기술은 제2단계에서와도 같이 장인의 주어지고 한정된 기능이 아니다. 다시 말하면 이 단계에 있어 사람들은 기술이란 이런저런 한정되고 고정된 기예가 아니고, 그것이 실제로 인간의 무제한한 행위의 근원이라는 점을 인식하고 있다.

오르테가는 기술 자체에 대한 이러한 새로운 통찰이야말로 사람들을 인류 역사상 근본적으로 새롭고 다소간 인간이 이전에 경험했던 일체와는 반대되는 상황에 가져다놓고 있다고 주장한다.87) 지금까지 인간은 그가 행위할 수 없는 일체의 것에 대해서, 즉 그의 부족과 한계에 대해서만 주로 의식했다. 그러나 이 기술의 제3단계로서 현대라는 시대가 기술에 대해서 가지고 있는 개념은 사실은 우리로 하여금 희·비극적인 상황에 가져다 놓는다.

---

86) 같은 책, 149쪽. / 위의 책, 58쪽.
87) 같은 책, 150쪽. / 위의 책, 59쪽.

Ⅳ. 우리 시대에 있어서 인간과 기술

 기술적 발전의 제3단계인 우리의 기술시대는 기술적 행위와 성취를 크게 증대시켰다. 중세 장인의 시대(직인의 시대)에 있어서 기술과 인간의 자연은 상호균형을 이루고 있다. 이 상호균형은 인간을 비자연화시키지 않고 자연을 인간에게 적응시키는 인간의 재능으로부터 이익을 얻는 것을 가능하게 했다. 이와 반대로 우리 시대에 있어 기술적 장치는 자연적 장치를 엄청날 정도로 능가하고 있기 때문에 물질적 생활은 기술적 장치 없이는 전연 불가능하다. 만일 기술이 퇴보한다면 현대인의 생활은 파멸하고 말 것이다.
 현대인은 자연 내에서 살 것이냐 또는 이 초자연을 이용할 것이냐를 결단하지 않을 수 없다. 요컨대 현대인은 원시인이 자기의 자연환경 내에 의존하는 것처럼 초자연에 의존하고 있고 또 거기에 유숙하고 있다. 현대인은 인위적 밀집의 환경을 형성하는 기술적 대상의 과잉에 의하여 자기 자신이 둘러싸였음을 발견하기 때문에 이 기술적 대상이 마치 자연 자체가 현대인 쪽에서의 어떤 노력 없이도 존재하는 것과 같은 방식으로 존재한다고 생각하고 있다. 오르테가는 이 견해를 비유하여 다음과 같이 말하고 있다.

  현대인은 아스피린과 자동차가 사과처럼 나무에서 자라고 있다고 생각할려는 경향이 있다. ― 현대인, 즉 새로운 형의 인간은 자동차를 욕심내고 또 그것을 즐겨 사용하고 있지만, 그러나 그것을 에덴 동산의 나무에서 저절로 떨어진 과일이라고 믿고 있다. 현대인은 마음 속으로부터 문명이 믿지 못할 정도의 인공적인 성격을 가지고 있다는 사실을 인정하려고 들지 않는다.88)

현대인은 기술과 여러 조건 — 예컨대 도덕적 조건 — 에 대한 견해를 쉽사리 상실하고 있다. 따라서 현대인은 기술을 단순히 존재하는 자연의 선물이라고 생각하는 원시적 태도로 복귀한 듯하다는 것이다. 기술에 대한 이러한 태도는 현대문명을 암담하게 만들 것을 위협하고 있다고 오르테가는 경고하고 있다.

현대인이 신뢰하고 있는 기술의 진정한 특성이란 기술이 단순한 도구로부터 기계, 즉 기계적으로 사용하는 기구에로의 변천이라는 사실에 있다. 결국 장인에 있어 결합되어 있던 기술자와 노동자는 우리 시대에 있어서는 분리되었고 기술자는 기술 자체의 생생한 표현, 한 말로 말해서 엔지니어로서 성장했다.

오늘날 엔지니어는 그들의 삶을 기술에 전념하게 하고 있다. 구석기 시대 및 중세에 있어 기술은 — 이것은 발명에 불과했다. — 인간이 자기 자신의 발명력에 대해서 의식하지 못했기 때문에 전문적이지 못했다. 그러나 오늘날 엔지니어는 발명가의 업무를 행위의 가장 정상적이고 단호하게 확립된 형식들 가운데 하나로서 포착하고 있다. 미개인들과는 반대로 엔지니어는 기회와 유리한 조건을 기다릴 필요가 없다. 그는

---

88) Ortega, Man the technician, 153쪽 / Ortega, The revolt of the masses, W.W. Norton & Company, INC, 1960, 82쪽.

발견할 수 있음을 확신한다. 인간적인 요소가 결여한 엔지니어에 대해서 오르테가는 다음과 같이 말하고 있다.

> 엔지니어라는 것과 단지 엔지니어에 불과하다는 것은 가능적으로는 일체이고, 현실적으로는 무(無)임을 의미한다.[89]

엔지니어가 오직 기술에 대한 신앙에만 삶의 근거를 두고 삶을 영위하는 이상 그의 삶은 공허한 것이다.

오르테가는 기술과 인간 간의 상관적인 관계에 대한 분석을 통해서 기술의 이익과 기술의 문제성을 논구하고 그리고 기술의 지나친 확대가 가지고 온 인간의 삶의 위기를 경고하고 논구하고자 시도하고 있다.

오르테가는 기술이란 인간의 삶과 불가분리적이고 삶의 논리가 본래 기술적이지만, 그러나 바로 여기에 삶의 '아이러니'라고나 할까, 삶을 부인하는 역리(逆理)들의 의미성이 기술의 배후에 잠복하고 있음을 천명하고 있다. 기술은 최소의 노력을 통해서 인간의 자연적 여러 필요에 대한 만족을 성취하고 그 자연을 넘어서는 새로운 여러 가능성을 완전히 확보시켜 주는 행위이다. 기술은 인간의 노력을 경감시키는 안전 장치다.

기술은 자연 내에서 인간으로 하여금 분주하게 활동하게끔 하는, 즉 해야 할 일을 전체적이든 부분적이든 인간이 기피하는 바 수단이다. 여기에 기술이 제기하는 엄청난 문제가 놓여있다. 자연이 인간으로 하여금 그 무엇을 실행할 것을 강요하

---

[89] 같은 책, 151쪽.

는 것을 제거한 후에 인간은 무엇을 실행한단 말인가. 왜냐하면 아무것도 하지 않는다는 것은 삶을 공허하게 하는 것, 즉 삶을 영위하지 않는 것을 의미하기 때문이다.

원래 기술이 목적하는 바는 '잘삶'이고 세계 내에서 초자연적인 계획을 수행하는 데에 있다. 그런데 이러한 행위가 인간의 삶을 공허하게 한다면 기술은 하나의 모순일 것 같기도 하다.

그러나 기술이 목적하는 바가 '잘삶'이라고 할 때 모든 원시적 필요를 만족시키는 엄청난 노력을 최소로 경감시킴으로써 야기되는 에너지의 진공상태는 '잘삶'을 위한 비생물학적인 일, 즉 창조적인 일에의 전념으로 충만되는 데 있다. 따라서 바로 여기에 기술의 근본적인 의미가 있다. 현대는 기술이 가지고 온 공허한 시간을 가장 비인간적인 일에 전념하는 것으로 일관함으로써 문명의 위기에 당면하게 된 것이다. 오르테가는 현대 기술이 근본적으로 무제한한 약속들을 시사함으로써 현대인으로 하여금 기술에 대한 철저한 신앙을 가지도록 유도하고 있다고 주장하고 있다. 기술은 본질적으로 인간의 삶의 계획을 작성 고안할 수 없다. 기술은 삶의 계획의 실행에 있어 기능적인 역할만을 다 할 뿐이다. 현대인이 기술이야말로 삶의 계획까지도 창안한다고 확신한다는 것은 현대가 과거의 어느 시대에 있어서 기술이 이룩한 어떤 업적도 능가하고 있지만, 파국의 위험을 스스로 안는 것임을 의미한다. 오르테가는 그렇게 진단하고 있다. 오르테가가 기술을 분석하는 가운데 궁극적으로 목표하는 바는 우리가 살고 있는 이 시대의 인간적 삶의 위기를 경고하고자 하는데 있다. 오르테가는 우선 기술이 인간의 삶의 구조에 있어 어떤 역할을 하고 있는가에 대하여 삶의 구조적 분석을 통해서 살펴보고 있다.

종래에는 기술을 인간의 삶과는 전연 별개의 독립적인 실재로서 취급했기 때문에 기술에 대한 근본적인 이해 및 분석이 불가능했다. 기술에 대한 엄밀한 분석 및 이해는 인간의 삶의 구조 분석과 인간이 기술에 대하여 역사적으로 가진 개념의 논구에 의해서만 기술에 대한 올바른 분석 및 이해가 가능하다고 오르테가는 말하고 있다.

제4장 오르테가에 있어서 사고와 실재

Ⅰ. 존재의 관념

오르테가에 있어서 근본실재는 인간의 삶이다. 삶은 모든 실재들의 근원 또는 뿌리들이다. 인간의 삶이 모든 사물들을 단순히 포함한다는 의미에서 모든 실재들의 근원이 아니다. 오르테가의 철학에 있어 인간의 삶과 다른 실재들 간의 관계는 관념론에서 보는 바와 같이 의식과 세계 간의 관계와는 다르다. 그것은 또한 실재론적 자연주의적 철학에서 절대적이라고 가정된 존재와 특수한 존재들 간의 관계와도 다르다. 그러므로 실재에 관하여 묻는다는 것은 사물들에 있어 인간적인 것이 존재하는지 존재하지 않는지에 관해서 묻는 것과 같지 않다. 그것은 실재로서 실재란 무엇인가에 관하여 묻는 것과도 같지 않다. 실재로서 실재 또는 존재로서 존재와 같은 사물은 존재하지 않는다. 존재하는 것과 일반적으로 존재는 인간이 그것에 관하여 물음을 물었을 경우에 하나의 해답으로서 나타난다. 인간이 실재란 무엇인가? 라는 물음을 제기하지 않고는 실재적이라고 말하여질 수 있는 것은 아무것도 없다. 그러나 사실 인간은 자기의 인간 조건 때문에 단순히 이와 같은 물음을 제기하는 것이 아니다. 적절히 말해서 인간이 실재적이란 무엇인가에 대해 물음을 묻는 것과 그리고 보다 의미론적인 차원에서 "실재적이다"라는 술어란 무엇을 의미하는가에 대해 물음을 묻는 것에 특별히 인간적인 것이란 없다. 인간은 필연적으로 철학적 동물이 아니다. 실제로 인간은 거의 대부분의 시간을 비철학적으로 행동하면서 보낸다.

오르테가는 그의 언어상의 특징에도 불구하고 실존주의자로서 생각될 수는 없다. 실존주의자들 또는 적어도 실존주의자들이라고 불리우고 있는 약간의 철학자들은 인간이란 궁극적으로 분석하건대 무(無)이고 무는 존재의 핵심 속에 있다고 주장한다. 그러나 오르테가는 이러한 주장을 삶에 관한 일면적인 인식에서 비롯하는 것으로 비판한다. 오르테가는 인간의 삶은 인식에서 성립하는 것도 아니고 고통, 공포, 염려, 죽음에의 존재에서 성립하는 것도 아니라고 주장한다. 인간의 삶은 관대, 자발성, 하물며 유쾌성에서 성립한다. 그러므로 인간의 삶은 대체로 실존적 특성들 가운데 그 어떤 것에도 환원되지 않는다. 가령 인간의 삶이 특성을 가지고 있다면 그것은 삶이란 많은 가능성들을 향해서 열려있다는 점이다. 오르테가가 말하고 있는 바와 같이 삶은 "무한한 경험"(infinite tastes)을 가지고 있다. 다른 말로 하면 삶은 "다면적 사건"(many-sided affair)이다.

오르테가는 그가 하이데거의 철학적 위대성을 인정하고 있다고 하더라도 하이데거의 추종자는 아니다. 하이데거의 주장에 따르면 인간으로 존재한다는 것은 존재에 대한 경이를 불러일으키는 것이고 그리고 그것은 존재의 주위를 방랑하는 것을 뜻하기도 한다. 이것은 존재란 본질적으로 물음임을 시사한다. 이러한 생각은 오르테가의 철학사상에서도 엿볼 수 있는 부분이다. 그러나 이처럼 오르테가와 하이데거의 생각을 연계시킴에 있어 두 가지 사항들이 고려되지 않으면 안 된다.

첫째 비록 우리가 존재를 물음과 등식화한다고 하더라도 존재에 대한 부단한 경이를 가정하는 것은 아직도 인정되지 않고 있다.

둘째 존재와 물음의 등식화는 오르테가에 의하여 변증법적 운동의 출발점으로서만 수용되고 있다. 오르테가는 물론 인간이 때때로 "존재란 무엇인가?" "실재란 무엇인가?"라는 물음을 묻는 것을 부정하지 않는다. 그러나 오르테가는 가끔 인간이 어떤 생적 상황에 직면했을 때만 물음을 묻는다는 것을 시사하기도 한다.

오르테가와 하이데거 간의 철학적 관계에 대한 논의는 앞에서 시도되었기 때문에 여기서는 더 이상 논의될 필요가 없다. 비록 하이데거, 딜타이(Dilthey), 후설(Husserl)이 오르테가의 사상에 소원하지 않다고 하더라도, 오르테가의 철학사상은 가끔 이 모든 철학자들의 철학사상으로부터 독립해서 독자적으로 발전했다는 것을 여기서 지적하지 않을 수 없다.

오르테가의 철학은 다른 어떤 철학자보다도 딜타이에 보다 더 가깝다. 그러나 오르테가의 철학은 한 가지 근본적인 점에서 딜타이의 철학과는 다르다. 딜타이의 철학에서는 의식이 주관과 객관 간의 근본적인 관계로 규정되고 있지만, 오르테가의 철학에서는 그런 관념은 거부되고 있다. 오르테가의 철학에서 의식은 가설이며, 인간의 삶만이, 즉 나의 삶만이 하나의 사실, 즉 근본적인 사실이다.

비록 자기의 철학적 연구 이력에서 연구 초기에 실재와 존재에 대한 자기의 관념들 가운데 일부를 전개시켰다고 하더라도 오르테가는 1925년까지는 자기의 관념들을 엄밀하게 형성하지 못하고 있었다. 오르테가는 이러한 관념들이 그의 사상에 있어 중심적 핵심을 이룰 때까지 반복적으로 이 관념들을 논의했다. 여하튼 실재와 존재에 대한 오르테가의 관념들은 항상 그의 철학적 윤곽의 길잡이가 되고 있다. 그러므로 이 관념들은 그의 지적 발전의 모든 국면을 통해서 가장 중요한 통합 요인으로 간주된다.

오르테가는 자기의 존재론을 럭키하게도 발견한 이론으로서 특별한 이론이라고는 생각하지는 않고 있다. 오르테가는 오히려 이 존재론을 "철학의 현재 상태"(the present state of Philosophy) 또는 ― 그의 독특한 용어로 말하자면 ― "현재 수준의 철학"(Philosophy at present day level)으로 기술하고 있다. 철학이 역사적으로 발전하고 철학 자체가 역사적 사건이 된 이래 오르테가의 존재론은 "역사적"임에 틀림없다. 그러나 이것은 그의 존재론을 상대적으로 만들지는 않는다. 확실하게 말해서 어떤 철학적 이론도 부분적으로만이 진실하다. 그러나 그것은 동시에 절대적이기도 하다.

철학에 있어 주어진 수준은, 예컨대 아리스토텔레스의 수준(the aristotelian level), 스토아학파의 수준(the stoic level), 데카르트의 수준(The cartecian level) 등은 사상사에서 다른 또 하나의 철학적 사건이라기 보다도, 오히려 수년에 걸쳐서 또는 수세기에 걸쳐서 시도한 정력적 철학적 사색과 토의의 결과로 나타난 철학의 수준이다. 오르테가가 말한 바와 같이 과거의 철학은 온통 우리 자신의 철학을 형성하는 데 기여했다. 오늘의 철학은 어제의 철학 때문에만 가능하다. 이 모든 것은 전 철학사가 내적 필연성의 발전이라는 것을 의미하지 않는다. 역사는 합리적이다라고 선언한 헤겔과는 반대로 오르테가는 이성은 역사적이다라고 주장한다. 그러므로 철학이 행한 방식을 전개시킬 필요는 없다. 철학적 과거는 진리의 집합일 뿐만 아니라 오류의 집합이기도 하다. 게다가 철학자는 과거를 추정하고, 헤겔이 말한 바와 같이, 과거를 흡수하지 않으면 안 되지만, 그렇다고 해서 과거를 현재의 필연적인 선례로 삼아서는 안 된다. 다른 한편으로 철학적 현재는 현재인 바의 것일 필요는 없다. 그러나 철학적 현재는 전 과거와 통합되지 않고는 현재일 수 없다.

현재를 과거와 통합시킨다는 것은 과거의 모든 철학이론을 받아들이는 것과 같다는 것이 아니다. 현재는 과거가 현재에 의하여 가정될 때만이 과거와 통합된다. 과거를 가정한다는 것은 과거를 찬성한다는 것이 아니고, 오히려 과거에 의하여 찬성된다는 것이다. 요컨대 과거를 가정한다는 것은 현재의 입장을, 즉 역사적 입장을 결정한다는 것이다. 그러나 우리가 하나의 입장을 가지고 있다는 사실을 확신하지 않고는 우리 자신의 입장을 결정할 수 있는 가능성은 없다. 이 입장은 다른 입장들과는 필연적으로 다르다. 왜냐하면 그렇지 않을 경우 철학은 없고 단지 이데올로기만 있을 뿐이기 때문이다. 다시 말해서 그렇지 않을 경우 오르테가가 쓰고 있는 바와 같이 "실재적 입장"(real position)이라기보다도 단순한 재현에 불과한 일종의 학풍 고집(scholasticism)만이 있을 뿐이기 때문이다. 동시에 어떤 입장도 반드시 이전의 모든 입장에 앞선다. 만일 그렇지 않다면 현재의 입장은 이전의 입장에로 환원되고 만다. 그러므로 우리는 철학에 있어 어느 지점에 서 있는가를 발견할 필요가 있다. 다시 말해서 우리는 우리 자신의 철학적 수준을 확인할 필요가 있다.

철학에 있어 진보는 일찍이 지극히 독창적이라고 생각된 것이 지금은 하찮은 것으로 나타나고, 그리고 천재의 과업이 지금은 단순히 상식이 된다는 것을 드러내는 데 있다. 철학적 관념은 그것이 기초로 삼고 있는 가정을 우리가 쉽사리 기술할 수 있을 때 하찮은 것이 되면서 상식적이 되곤 한다. 이 가정은 이와 같은 관념을 창출한 철학자들에게 뿐만 아니라 이와 같은 관념을 논쟁의 여지가 없는 진리로서 진지하게 포괄한 철학자들에게까지도 눈에 보이지 않고 있다. 이러한 철학자들은 사실 이와 같은 관념을 지배하고 있지 않았다. 오히려 철학자들을 지배한 것은 관념이었다.

그러므로 철학에 있어 우리들 자신의 수준을 발견하는 것은 이전의 모든 수준들을 받아들이는 것을 의미하면서, 동시에 그 모든 수준들을 너무나 피상적이면서 하찮은 것으로 거부하는 것을 의미하기도 한다. "피상적이다"와 "하찮은 것이다"라는 술어는 오르테가에 의하여 "철학적이지 못하다"라는 술어와 등식화되고 있다. 따라서 여기서 우리는 이전의 모든 수준들 또는 이와 같은 수준들을 강조하는 가정은 이젠 더 이상 철학적이지 못하다는 놀라운 결론이 도출된다.

철학적 관념들의 본질에 관한 오르테가의 관념은 오히려 역설적이다. 왜냐하면 오르테가의 관념들은 철학이란 그것이 행하여지지 않았기 때문에만 행하여졌다는 것을 우리로 하여금 인정할 것을 강요하고 있기 때문이다. 그러나 오르테가는 결국 철학이란 영구적인 실패이다라고 선언한 이래 이 포괄적인 역설을 완전히 깨달았다.

Ⅱ. 가설로서의 존재

　오르테가의 존재론에의 접근은 역사적이다. 왜냐하면 존재론 자체가 역사적 의식을 부여받은 것이라고 그가 생각하고 있기 때문이다. 철학사에 대한 그의 부단한 언급과, 그리고 특히 전철학사를 통해서 다양한 근본적인 사고형식에 대한 그의 연구는 단순한 역사적 호기심의 결과가 아니다. 인류사 일반과 특별한 철학사는 단순히 "일어난 사건"(What has happen)이 아니고, 하물며 "일어난 사건"에 대한 기록은 더욱 아니다. 그것은 우리들 모두가 의미심장하게 실존하고 사유하는 것을 가능하게 하는 바의 것이다. 오르테가는 철학사의 일부 국면들을 상당히 상세하게 그리고 엄밀하게 취급했다. 왜냐하면 그는 철학사의 일부 국면들을 역사가의 유일한 관심이라고는 생각하지 않았기 때문이다. 역사적 과정과 과거의 불가피한 실패에 대한 분석은 더할 나위 없는 방식은 아니라고 하더라도 우리의 현재의 입장을 결정하는 방식들 가운데 하나이다. 여하튼 우리는 이런저런 철학자들에 대한 오르테가의 폭발적인 공격에 의하여 오도되어서는 안 된다. 어떤 경우에 오르테가는 철학자들에 대해 공격을 가할 때 자기 자신을 즐기고 있다. 예컨대 키에르케고르를 혹평할 때 오르테가는 애처롭게 생각하다가도, 다른 어떤 경우에는 그와는 화해할 수 없는 태도로 무자비하게 일격을 가하기도 한다. 철학자들과 철학적 이론들에 대한 오르테가의 채찍질은 철학자들과 철학적 이론들로 하여금 현실적으로 "생동적"이 되게 함으로써 철학적 이론들을 통합시키고자 하는 단 한 가지 목적만을 가진다.

철학자들과 철학적 이론들은 그들의 숨겨진 가정들이 노출되고, 그리고 말하자면 그 가면이 벗겨질 때만이 사실상 생동적이 된다. 이러한 가정들 가운데 가장 중요한 것은 그것에 상응하는 존재론-존재(또는 실재)란 무엇인가를 밝히는 것으로 생각되는 이론이다. 오르테가는 과거의 존재론을 거부했다. 오르테가는 과거의 존재론을 불충분한 것으로 비판했는가 하면, 우리가 이 용어들을 사용했던 의미에서 피상적이면서 하찮은 것으로 낮게 평가했다. 이 존재론은 오르테가에 의하면 현재 "너무나 명백한" 관념들에 기초해 있기 때문에 불충분하고 또한 지금도 불충분한 것으로 입증되고 있다.

어떤 철학자들은 존재란 그 무엇, 즉 그것이 물질적이든 또는 정신적이든 간에, 일종의 사물에 불과하다고 생각했다. 다른 어떤 철학자들은 존재란 "안정적이거나 또는 영속적인" 존재자라고 주장했다. 하물며 그들은 가령 甲이 안정적 영속적이 아니라면 甲은 진실로 실재적이 아니다라고 주장하기까지 했다. 그들은 이러한 주장에 다음과 같은 다른 또 하나의 주장을 덧붙였다. 즉 "존재는 이른바 현상의 배후에만 존재할 뿐이다." 마지막으로 대다수의 철학자들은 인간의 적당한 과제란 이와 같은 현상의 배후에 숨겨진 것을 최선을 다해서 발견하거나 또는 오히려 그것을 밝히는 데 있다고 확신했다. 이와 같이 밝혀진 존재는 가끔 진리와 등식화되었다. 이 진리는 인간에게 주어진 (또는 인간의 특별한 능력에 주어진) 그 무엇으로서 또는 인간 정신의 이해력을 벗어난 영원한 그 무엇으로서 인식되고 있다.

존재에 대한 이 모든 관념들은 철학자들에 의하여 소박하게 받아들여지지 않았다고 말할 수 있을 것이다. 철학사는 그렇게 단순하지 않다. 예컨대 몇몇 철학자들은 존재란 결코 안정적이지 않으며, 그리고 하물며 존재(또는 실재)는 그것이 부단히 변화하는 한해서만 존재한다고 추측했다. 그러나 여기서 우리는 헤라클레이토스 및 베르그송과 같은 변화의 애호자까지 언급할 필요가 없다. "영구"를 부정하지 못할 정도로 사랑한 아리스토텔레스 자신은 존재를 안정적인 존재자와는 다른 것으로서 인식하고자 많은 노력을 했다. 모든 것을 고려할 때 과거의 존재론들 가운데 그 어떤 것도 최초의 그리스 철학자들에 의하여 고안된 개념적 구조로부터 벗어나는데 성공하지는 못했다. 마치 이것이 충분하지 못한 것처럼 모든 철학자들은 현재까지 존재란 — 비록 존재가 무엇인지를 결코 알지 못한다고 하더라도 — 존재하는 그 무엇이다고 가정했다. 다른 말로 해서 오르테가가 오늘날 철학에 있어 근본적인 발견이라고 생각하고 있는 것, 즉 존재란 이런 존재자도 아니고 저런 존재자도 아니라는 관념, 즉 존재란 영구적인 것도 아니고 변화하는 것도 아니라는, 물질적인 것도 정신적인 것도 아니라는 관념을 감히 공포한 철학자들은 없다. 존재는 사실 아무것도 아니다. 이 말은 존재는 무에 불과하다는 것을 말하는 것이 아니다. 그것은 존재란 전혀 사물이 아니고, 단지 가설에 불과하다고 말하는 것을 뜻한다.

요컨대 존재는 인간의 발명이다. 존재는 인간에게 주어지지 않았다. 그러므로 인간은 이따금씩 존재를 밝히거나 또는 존재는 도달불가능하다고 선언하기도 한다. 존재는 다른 어떤 방법으로도 쉽사리 취급할 수 없는 — 의심할 여지없이 역사적인 — 생적 상황을 이해하기 위해 수행하지 않으면 안 되는 대담한 상상적인 행위의 결과이다. 그러므로 어떤 사람들은 인간의 존재와 세계의 존재를 설명할 다른 가설이 실패했을 때 존재의 관념(그리고 실재 자체)을 가설로서 발명했다. 몇 가지 점에서 존재하는 것은 神이거나 또는 神들이라고 상상하는 것과 그리고 존재하는 것이 존재이다고 상상하는 것, 즉 이른바 실재라는 그 무엇이 존재한다라고 상상하는 것 사이에는 차이란 없다. 神들이 한 역할을 행하기를 그쳤기 때문에 또는 적어도 神들에게서 기대했던 역할을 맡는 것을 그만두었기 때문에 존재 또는 실재의 관념이 구제되지 않으면 안 되었다. 존재는 하나의 목적을 위해서 발명된 그 무엇이며, 그리고 존재는 대개 하나의 간격을 메우기 위해 고안된 그 무엇이다. 만일 "실재가 존재한다"는 관념이 필연적이지 않다면 그 관념은 어느 누구에게도 생기지 않는다. 왜냐하면 실재가 존재한다고 굳이 생각할 필요가 없기 때문이다. 다시 말해서 사람들은 삶을 살고, 일하고, 사랑하고, 기도하는 것으로 충분하다고 생각할 것이기 때문이다.

존재는 인간의 발명이다라고 말하는 것은 인간이 현상들을 설명하기 위해, 특히 자연현상들의 질서정연한 연속을 설명하기 위해 현상의 카오스에다 사유하는 실재를 덧붙여 발명한 존재자이다라고 말하는 것과 거의 같은 것이다.

오르테가의 존재론은 칸트의 경향과는 거리가 멀다. 여하튼 "발명했다"를 "가정했다"로서 해석하는 것은 부당하다. 사유하는 존재로서 존재의 활동은 가정하는 데 있고, 그리고 그 존재는 대체로 이른바 의식이다. 존재는 철학적 의미에서 그리고 때로는 특별히 인식론적 의미에서 볼 때 의식이다. 다른 한편으로 존재의 관념을 고안한 것으로 생각되는 존재는 의식이 아니고, 인간의 삶이다. 인간의 삶은 지적 작용을 포함한 삶의 작용 가운데 어떤 것에도 환원되지 않는다.

오르테가는 인간의 삶을 다면적이라고 주장한다. 그러므로 인간의 삶은 의식이나 사고나 가정 등에로 환원되지 않는다. 따라서 인간이 실재에 대하여 물음을 물음으로 해서 존재의 관념을 창안했다고 오르테가가 주장하는 것은 인간이 범주의 체계에 의하여 감각의 혼돈을 정리하지 않으면 안 된다고 단정하는 것과는 다르다. 여하튼 존재란 근본적으로 인간의 가설에 불과하다고 인식하는 것은 다른 모든 철학자들의 방식과는 다른 방식으로 존재를 규정하는 것을 뜻한다. 실제로 그것은 다른 또 하나의 철학적 지평에로 뛰어오르는 것이거나 또는 어쩌면 돌진하는 것이다. 이처럼 새로운 관점에서 볼 때 존재는 사물들이 우연히 현존하기 때문에 가지는 그런 약간의 본질적인 특징으로서 나타나는 것이 아니고, 실행되지 않으면 안 되는 것으로서 나타난다.

오르테가는 존재와 같은 사물은 존재하지 않기 때문에 우리가 과거의 존재론을 어쩔 수 없이 더 이상 동의하지 않는 것으로 가정하고 있는 것 같이 생각된다. 오르테가는 존재란 오히려 일종의 활동이라고 주장한다. 그래서 존재란 다른 어떤 것에 대해서보다도 사고에 보다 더 유사한 것으로 생각된다. 그러나 오르테가는 물론 관념론과의 어떤 연합도 거부하고 있다.

제5장 오르테가의 이성·생기론*[90]

Ⅰ. 생적 이성의 개념

오르테가가 자기의 유명한 저서인 「현대의 과제」(The Modern Theme)와 「체계로서의 역사」(history as system)에서 생적 이성(the Vital Reason) 개념의 윤곽을 서술했다고 하더라도 이 생적 이성의 개념은 여기서 좀더 구체적으로 설명되어야 할 것 같다. 오르테가가 자기의 여러 저서들에서 삶을 근본 실재로 강조하고 있는데, 사실 그의 이러한 강조는 일부 비평가들로 하여금 그의 철학을 순수한 "생기론 철학"으로 또는 생물학적 철학으로 해석하는 방향으로 이끌어 갔다. 이와 같은 해석은, 비록 그것이 생물학적 언어를 사용하는 그의 철학적 경향 때문에 정당화될 수 있다고 하더라도, 그가 그의 저서들의 도처에서 보여 주고 있는 주목할만한 주장과는 결코 일치하지 않는다. 「현대의 과제」가 출간되고 1년 뒤에 "서구평론"이라는 잡지에 한 논문을 발표했는

---

* 제 5장은 Jose Ferater Mora의 「Ortega y Gasset - An Outline of His Philosophy」에 수록된 "Ⅳ. Ratio-Vitalism" 전체를 요약·해석한 것임.

데, 이 논문에서 오르테가는 저 어려운 문제에 대해 자기의 의견을 제시한 바 있다. 이 논문에서 오르테가는 생기론도 합리주의도 모두 시대역행적이라고 자신의 입장을 분명히 밝히고 있다. 그의 입장에 따르면 합리주의는 이성을 그릇되게 사용했기 때문에 거부되지 않으면 안 되고, 생기론은 다의적인 의미를 가지고 있기 때문에 수용될 수 없다는 것이다.

생기론은 우선 생물학적 생기론과 철학적 생기론으로 분명히 구분된다. 생물학적 생기론은 특수한 과학이론의 명칭이고, 따라서 현실적 목적에 아무런 도움이 되지 않는다. 철학적 생기론은 인식의 방법의 명칭이고, 따라서 신중하게 음미되지 않으면 안 된다.

그런데 철학적 생기론이라는 표현도 아주 애매모호하고 다의적이다. 한편으로 철학적 생기론은 프래그머티스트들과 경험적 비판주의자들에 의하여 옹호된 이론이라고 주장되기도 한다. 생물학적 생기론에 의하면 이성은 생물학적 법칙들에 의해서 지배되는 생물학적 과정, 즉 삶에의 투쟁, 경제법칙, 가장 하찮은 행위의 원리이다. 다른 한편으로 철학적 생기론은 주로 베르그송주의자들에 의하여 창출된 이론이라고 주장되고 있다. 이 철학적 생기론에 의하면 이성은 인식론적으로 무력하고, 그리고 삶만이 제공할 수 있는 직관적 통찰에 양보하지 않으면 안 된다. 철학적 생기론은 합리적 방법에 아주 첨예하게 대립되는 인식의 방법이다.

철학적 생기론은 오르테가에 의하여 자기 자신의 철학적 입장에 대한 적절한 기술로서 받아들여진다.

생기론이라는 용어의 의미는 적절히 조정하여 언표되고 있는 것 같다. 이러한 근거에서 말하자면 생적 이성의 이론, 역사적 이성의 이론, 살아 있는 이성의 이론 그리고 이성·생기론 등과 같은 기술적인 칭호는 바람직한 것 같다. 그럼에도 불구하고 이 모든 것은, 가령 철학이 "삶의 철학"이라고 한다면 이 표현으로는 짐멜, 슈펭글러, 베르그송, 딜타이 등과 같은 철학자들이 이 삶의 철학에 부여하고 있는 의미를 이해시킬 수 없다는 것을 공동목표로 삼고 있다. 진실로 오르테가는 자기 자신의 철학함을 베르그송 및 딜타이의 철학과 대립되는 것으로는 생각하지 않는다. 그러나 오르테가는 자기의 생적 이성의 철학이 시대와 철학적 예리함에 있어 자기의 선행 철학자들의 철저한 삶의 철학보다 훨씬 앞서 나아간 수준에 있음을 가끔 시사하곤 한다. 자기의 선행철학자들 모두에 스며들어 있는 이성에 대한 불신이 오르테가에 의해 철학적 체계 가운데서 삶의 중심적인 위치를 차지하고 있다는 것을 인정하는데 필요한 조건이라고는 생각되지 않는 것 같다. 그의 견해에 의하면 이성에 대한 불신은 이성이라는 용어가 이러한 철학자들에 의하여 순수이성, 추상적 이성, 물리적 이성(덧붙여 말하자면 수학적 이성, 물리학적 이성)이라는 표현과 불가피적으로 동일화되었다는 사실에 기인한다. 삶을 이해함에 있어 순수이성의 좌절은 물론 이성이란 강력한 비판을 필요로 한다는 건전한 경고였다. 그러나 순수이성의 붕괴가 모든 이성의 붕괴는 아니다. 그러므로 전통적인 합리주의의 좌절이 단순한 비합리주의를 향한 명백한 길을 열어주고 있다고 가정하는 것은 오류일 것 같다. 사실 불행하게도 현대철학 가운데 일부 철학적 서클에서 환영하고 있는 비합리주의는 합리주의보다 덜 위험한 것이 아니며, 오히려 그것보다 더 무력하다. 그런데 합리주의와 비합리주의는 실재가 가진 두 가지 측면에 대한 맹목의 결과이다. 특히 합리주의는 그것의 결정적인 차원을 버리거나 또는 약화시킴으로써, 즉 이성이 우리로 하여금 실재와 접촉하도록 하는 것과 같은 지성의 행위라는 것을 망각함으로써 이성을 빈약하게 만든 죄를 범하고 있다. 따라서 새로운 유형의 이성은 이성에 대한 새로운 이론이 아니고, 사람들이 이성에 대해서 무엇이라고 생각하든 간에 그것은 항상 인간의 삶에 뿌리를 두고 있다는 사실에 대한 분명한 인식이다.

생적 이성은 오르테가에게는 실재로서 — 단순하고 논쟁의 여지가 없고 자명적인 실재로서 생각된다. 사실 생적 이성이라는 표현은 "이성으로서의 삶"이라는 표현과 같다. 왜냐하면 삶이란 이성에게 주어지는 실재가 아니고, 오히려 그것이 불합리적으로 작용하는 것으로 생각될 때조차도 필연적으로 이성을 사용하는 실재라는 것이 가정되기 때문이다. 인간은 자기가 아무리 분별없이 행동한다고 하더라도 이런저런 방식으로 자기가 행동하는 것에 책임을 지고자 한다. 인간이 행하는 방식은 관념적이다. 인간은 자기가 행하는 행위에 대해 후회하거나 또는 선을 사랑하면서 아직도 악에 머리를 숙이는 그런 기묘한 종류의 동물이라고 주장하기도 한다. 여하튼 삶은 자기 스스로 꾸준히 책임을 지지 않고는 존재할 수 없다. 산다는 것은 오르테가가 말하는 바와 같이 세계와 투쟁하는 것이기 때문에 인간의 삶 역시 그것을 둘러싸는 세계에 책임을 지지 않으면 안 된다. 그러나 이처럼 책임을 지는 과정이란 결코 지적인 본질에 배타적이 되는 것이 아니다. 우리 자신과 세계에 대한 지적인 설명은 정말 인간의 삶의 과정에 있어 참신한 것이다.

오르테가는 삶이란 인식 없이는 불가능하다는 것을 반복하고 있다. 왜냐하면 무엇보다도 인식은 행동하는 방법에 대한 인식이기 때문이다. 다른 말로 해서 인간은 자기가 기뻐할 때 삶을 살 수 있지만, 늘 자기를 둘러싸고 있는 의심의 안개를 걷어치우기 위해 최대 한도의 노력을 하지 않고는 삶을 살 수 없기 때문이다. 사실 이성은 모든 것에, 특히 자기 자신에 의심을 투영하는 자기의 경향을 제거하기 위해 인간 자신에 의해 발명되었다. 그래서 이성은 인간의 삶의 미끄러운 대지 위에 자기 자신의 존재를 유지시키는 것을 돕기 위해 인간에게 제공된 유일한 가능성이 되었다. 만일 이 정의가 이성이란 인간의 삶으로부터 나온다는 의미에서 이해된다면 인간은 합리적 동물이다. 데카르트의 cogito ergo sum(나는 생각한다. 그러므로 나는 존재한다)이라는 원리는 cogito Quia vivo(나는 삶을 산다, 그러므로 나는 생각한다)라는 보다 기본적 원리로 대치되지 않으면 안 된다.

바로 위에 관찰한 바와 같이 생적 이성이 실재라고 하더라도 그것은 역시 하나의 방법이다. 불행하게도 이 방법은 일련의 단순한 규칙에 기초지워질 수 없다. 삶 자체의 결과로서, 하나의 방법으로서 생적 이성은 삶의 우여곡절과 삶의 두서 없는 이야기를 따라가지 않으면 안 된다. 경험적이라는 말의 근본적인 의미에 있어 생적 이성의 방법은 경험적 방법이다. "경험적"이란 반드시 "혼돈된"이라는 것을 의미하지 않는다. 관념주의 철학자들은 세계란 어떤 질서가 이른바 카테고리들에 의하여 부과되는 그런 인상들의 카오스이다는 것을 가정하고 있다. 오르테가에게 이것은 완전히 이유 없는 가정이다. 경험은 오히려 우리가 삶을 철학적 탐구의 중심에로 되갖고 돌아오자마자 곧 세계가 그 자체를 질서정연한 체계적 실재로 드러낸다는 것을 나타내 보인다. 그러므로 생적 이성은 우리에게 사치스러운 것이 아니다. 생적 이성은 존재의 체계를 지향하는 우리의 탐구에 있어 지침의 원리이다. 우리들 자신의 삶의 문제에 직면하여 우리는 이해의 빛을 삶의 문제에 던지지 않을 수 없다. 이해가 애매모호하거나 또는 사회에 의하여 비축된 신념들로부터 왜곡되거나 추측된다는 사실은 그 이해의 절대적 필연성에 대한 반론이 아니다. 안전을 지향하는 인간의 탐구는 정확히 말해서 인간의 삶의 불안전을 인정하는 가장 강력한 이유들 가운데 하나이다. 이와 같은 불안전의 감정을 극복하기 위해 지금까지 생산한 최상의 도구가 이성이기 때문에 이성은 항상 인간 존재에 있어 기능적인 것으로 이해되지 않으면 안 된다는 오르테가의 반복적인 주장을 받아들이기에는 어렵지 않다. 다시 말해서 사고는 인간이 소유하고 있고, 따라서 인간이 사용하는 그 무엇이 아니고, 인간이 사고를 필요로 하기 때문에 정성을 들여 야기시키고자 하는 그 무엇이다. 인간은 자기 자신의 삶을 통해서 그리고 인간이 그것 가운데로 던져진 바 그 세계를 통해서 비틀거릴 때 자기 자신의 상황에 대해 생각하도록, 즉 자기의 환경에 대하여 사고하도록 강요 받는다. 그러나 환경에 관하여 사유한다는 것은 실제로 환경을 고려하여 사유한다는 것이다. 그러므로 우리는 무엇이며 우리의 주위는 무엇인가를 발견하고자 하는 시도는 오직 지성에게만 - 철학자, 과학자, 예술가에게만 부과된 과제가 아니다. 그것은 삶을 산다는 단순한 사실 때문에 짊어진 하나의 짐이다. 인간은 자기 자신과 자기의 환경을 인식하는 것을 필요로 한다. 따라서 인간은 세계에 대한 관념이나 또는 세계에 대한 해석을 필요로 한다. 이것은 인간이 자기 자신의 확신을 가지지 않으면 안 된다는 표현을 의미한다. 왜냐하면 소위 확신 없는 인간은 비현존적 존재자이기 때문이다. 이 확신은 부정적 성격들로 구성되어 있다. 예컨대 일정한 개인은 회의적이다. 부정적 확신도 역시 확신이라는 것은 그러함에도 불구하고 진실하다. 오르테가는 이 논리가 아주 중요하다는 것을 자기의 많은 저서들에서 분명히 밝히고 있다. 이것은 「관념과 신념」이라고 제목을 붙인 작은 책에서 특히 많이 기술되어 있다. 이 「관념과 신념」은 역사적 이성에 관한 것을 - 나중에 생적 이성에 관한 것을 이 체계적인 책의 제 1장으로 구성하고 있다. 그 책의 내용에 대하여 간략하게 서술하고 있는 요지는 하나의 방법 및 실재로서 생적 이성의 의미를 이해하는데 크게 참고가 될 것 같다.

우선 차이를 소개하는 것이 필요하다. 지금까지 우리는 이성, 관념, 확신을 무차별적으로 언급했지만, 관념이라는 용어는 적어도 두 가지 의미에서 이해된다. 첫째 관념은 우리들 또는 다른 어떤 사람들에게 생기는 사고이면서, 우리가 검토하고, 채용하고, 하물며 앵무새처럼 되뇔 수 있는 사고이기도 하다. 이러한 사고들은 다양한 계층의 진리를 가지고 있다. 이 사고들은 매우 엄밀한 과학적 진술들의 통상적인 사고들에 속한다.

이 두 가지 경우에 있어 사고들은 그것들 이전에 존재하는 인간의 삶 가운데서 생긴다.

둘째 관념이란 - 우리들의 존재 내에서는 나타나지 않으면서도 - 이 현존재의 본질적인 부분이 되고 있는 세계와 우리들 자신에 대한 해석들이다. 만일 전자의 관념이 결국 관념이라고 불린다면 우리는 후자의 관념을 위해서는 다른 명칭을 필요로 한다. 후자의 관념을 신념이라고 일컫는다. 단순한 관념과는 반대로 우리는 사고의 특별한 행위에 의해서는 신념에 이르지 못한다. 신념은 삶의 실체를 구성하고 있음으로 이미 우리들 가운데 있다. 사실 우리가 신념과 더불어 공존하고 있기 때문에 우리는 신념 가운데서 존재하고 있다고 말할 수 있다. 따라서 신념은 우리가 가진 관념이 아니고, 우리인 바 관념이다. 신념은 뿌리깊기 때문에 우리는 신념을 실재와 혼동하고, 그리고 실재에 관한 신념을 실재 자체로부터 끊어 놓기가 어렵다.

그러므로 관념과 신념 간의 차이는 우리가 제작하고, 검토하고, 토의하고, 퍼트리고, 수용하고, 부정하고, 형성하는 사고와 우리가 형성하지도 못하고, 토의하지도 못하고, 부정하지도 못하고, 수용하지도 못하는 사고 간의 차이와 같다. 오르테가가 말하고 있는 바와 같이 우리는 실제로 신념으로써는 아무것도 행하지 못한다. 우리는 단순히 신념 가운데 존재할 뿐이다. 관념과 신념 간의 차이는 심리학적인 확실성의 정도와도 전혀 관계하지 않는다는 것이 쉽사리 인식된다. 예컨대 증거는 신념을 구성하지 않는다. 그것은 오히려 정신적인 수용의 결과이고, 그처럼 단지 관념에 불과하다고 단정할 수 있을 뿐이다. 심리학의 관점은 비록 크게 존중할 수 있다고 하더라도, 이 문제를 논구하기에는 불충분하다.

요컨대 사고는 그것이 인간 존재에 있어 수행하는 역할에 따르면 관념 또는 신념이라고 일컬어진다. 그러므로 관념과 신념 간의 대비는 사물에 대하여 사고하는 것과 사물을 의심의 여지가 없다고 생각하는 것 간의 대비로 요약된다. 사실 신념 가운데 존재하는 것은 관념을 승인하는 것과 동일하다. 내친김에 말하자면 왜 신념들을 종교적 신앙과 단순히 동일시하는 것이 커다란 오해인가라는 이유가 바로 여기에 있다. 종교적 신앙은 사실 이 명칭을 받을만한 가치가 있다. 그러나 이것은 반드시 그러 할만하다고는 볼 수 없다. 왜냐하면 우리는 여하튼 명백한 관념에 불과한 것을 자주 종교적 신앙이라고 일컫고 있기 때문이다. 다른 한편으로 많은 단순하고 기본적인 가정들은 신념들이라고 일컬어질 수 있다. 예컨대 비록 길이라는 존재에 대한 사고가 우리의 마음 속에서 생기고, 그리고 우리가 그 무슨 결단을 내림에 있어 그 사고가 하나의 역할을 담당한다고 하더라도 우리가 길로 나서겠다고 결단을 내릴 때 우리는 저기에 길이 있다고 믿는다. 저기 길이 있다고 믿는 가정이 하나의 신념이다.

신념이 우리의 삶의 토대를 형성하고 실재를 대신한다는 것은 당연하다. 실재는 우리에 의해 발견되지도 않고 증명되지도 않는다. 실재는 단순히 우리가 직면하는 그 무엇이다. 이것은 어느 정도까지 우리가 관념들을 지배하는 것을 의미하지만, 그러나 이것은 오히려 우리가 신념들에 의해서 지배되고 있음을 의미한다. 아무리 중요한 관념들이 우리에게 있는 것으로 입증된다고 하더라도 그 관념들이 관념들이기를 끝내지 않고는 또 그 관념들이 신념이 되지 않고는 그 관념들은 우리의 삶 가운데 뿌리를 내릴 수 없다. 이것이 왜 관념들에 대한 통상의 지적 해석을 받아들이는 것이 어려운가 하는 이유이다.

지식인들은 관념이란 우리에게 외적이라는 것을, 즉 우리가 관념을 되는 대로 채택하거나 떠날 수 없다는 것을 이해할 수 없다. 그들은 하물며 어떤 경우에 그들이 최고의 가치를 두는 실재 - 이성 - 가 진정한 신념이 되고, 따라서 비판과 검증을 피한다는 것을 이해할 수 없다. 그러나 관념과 신념 간의 가장 두드러진 차이는 아마도 오르테가가 이 주제에 관한 자기의 「관념과 신념」의 서두에서 다음과 같이 지적한 데서 잘 드러나 있다.

「우리가 관념들을 위해서 기꺼이 투쟁하고 하물며 관념들을 위해서 죽을 각오까지 하는 바 그 관념에 최고의 가치를 두기도 하지만, 그러나 우리가 그 관념들에 근거하여 삶을 산다는 것은 아주 불가능하다.」

아무리 이 모든 것이 그럴듯하다고 하더라도 오르테가의 주장이 결코 완벽하지 않다는 것을 발견할 수 있을 것이다. 우리는 위에서 인간이란 자기 자신의 삶에 대해 부단히 의심을 던지거나 또는 다른 말로 해서 인간의 존재란 지극히 문제적이라는 것을 시사했었다. 더욱이 우리는 이것이 결코 부차적인 비평이 아니고, 오르테가의 인간론에 있어 중심적인 문제임을 발견하고 있다. 이러한 주장들이 위에서 논의한 입장들과 어떻게 조화될 수 있을까? 오르테가가 이 곤란을 모르는 바가 아니다. 이 곤란을 피하기 위해 오르테가는 의심이란 신념에 반대되는 그 무엇이 아니고, 오히려 일종의 신념임을 명백히 하고 있다. 다음과 같은 두 가지 고려는 이러한 역설적인 의견을 이해하는 데 도움을 줄 것이다. 첫째 신념은 결코 틈이 없는 것이 아니고, 거대한 틈이다. 둘째 의심은 - 이 말의 근본적인 의미에 있어 - 우리에 의하여 지지되지 않으며, 따라서 관념이 아니다. 요컨대 의심은 신념으로서 삶의 동일한 지층에 속한다.

의심은 우리의 실재를 구성하며, 그것은 어떤 의미에서는 신념과 전혀 다르지 않다. 이것은 물론 우리가 정확히 말해서 신념 가운데 사는 것과 동일한 의미에서 의심이라는 것을 의미한다. 의심과 신념 간의 유일한 차이는 신념이 안정적인 것이라면 의심은 불안정한 것이라는 점이다. 의심은 적절히 말해서 인간 존재에 있어 불안정한 것이다. 그러나 물론 우리는 신념과 의심을 가지고 동시에 삶을 산다. 그러므로 우리의 존재는 신념 없이는 존재할 수 없는 것과 마찬가지로 의심 없이는 사유할 수 없다.

우리가 의심이나 의심의 바다 가운데 존재한다는 사실은 이 상황을 정상적인 문제의 상태로 수용한다는 사실을 배제하지 않는다. 사실 우리는 우리의 존재의 토대를 침식하는 의심을 극복하기 위해 끊임없이 적극적으로 행동한다. 우리 자신이 의심으로부터 벗어나기 위해 우리는 의심에 관하여 사유하거나 또는 관념을 형성하는 것을 선택할 수 밖에 없다. 관념은 인간의 삶을 구성하는 신념 가운데 여기저기에서 열린 틈을 채우는 것으로 생각된다. 이것은, 만일 우리가 경험을 음미한다면, 최초에 거의 개연적일 것 같지 않다. 왜냐하면 경험이야말로 관념보다도 오히려 행위가 의심이라는 어려운 문제를 비상수단으로 해결한다는 것을 우리에게 가르쳐 주기 때문이다. 그러나 오르테가에 따르면 행위와 명상 간에 윤곽이 뚜렷한 선이 그어진다는 사실에 대해 우리가 주의를 기울인다면 그 개연성은 증대한다.

행위는 확실히 명상에 의해 좌우되지만, 그러나 동시에 명상은 그 자체가 행위에의 계획이다. 따라서 관념은 의심의 바다에 가라앉지 않도록 할 수 있는 우리의 유일한 가능성으로서 생각될 수 있다. 뿌리에서부터 흔들리는 이전의 신념을 새로운 관념으로 대치하는 것은 적어도 보기 드문 일이다. 그러나 이 새로운 관념은 신념이 되는 경향을 가진다. 이것은 우리의 개인적인 삶 가운데서 경험될 수 있다. 이전의 신념이 이처럼 새로운 관념으로 대치되는 분명한 분야가 있다면 그것은 인간의 역사이다. 오르테가가 거론하는 많은 실례들은 역사적 경험으로부터 도출된다. 오르테가의 독자들에게 이것은 놀라움으로 다가오지는 않는다. 많은 철학자들은 항상 역사의 진실한 애호자였다. 오르테가의 탁월한 논문들 가운데 어떤 것은 역사적 문제들에 전념해 있다. 그 밖에 그는 가끔 현대의 서양사회의 두드러진 특성들 가운데 하나가 이미 18세기에 전조가 된 감정, 즉 인간이란 역사적 환경 내에 살고 있는 불변의 피조물이 아니고, 자기의 실재를 결정적으로 자기 자신의 역사에 의하여 형성한 바 그러한 존재자라는 감정의 충분한 발전이라고 주장하고 있다. 우리는 이 감정을 "역사적 감각"(historical Sense)이라고 일컫는다. 1924년 이래 오르테가는 이 문제에 대하여 집중적으로 논의하고 있다. 그는 하물며 역사란 과학의 주제일 뿐만 아니라 인간 존재의 궁극적인 조건이라고 주장한다. 오르테가는 인간이란 본질을 가지고 있는 것이 아니고, 그 대신 역사를 가지고 있다고 단정한다.

더 나아가서 오르테가는 한편으로는 신념과 관념 간의 상호작용과, 다른 한편으로는 신념과 의심 간의 상호작용이 역사적 사건들에 의하여 확증된다고 주장한다. 그는 또한 역사적 위기론과 이 위기들 가운데 몇 가지 위기에 대한 상세한 분석은 인간의 삶이 신념으로부터, 즉 역사적 환경 내에 있는 확신들로부터 출발한다는 것을 분명히 하고 있다. 이러한 확신들이 때때로 흔들릴 때 이 확신들은 확신으로서 현재 유효하지 못한 그런 확신들을 포함하여 다른 확신들로 대치되지 않으면 안 된다. 이 문제를 이해함에 있어 가장 적당한 도구는 역사적 이성의 방법이다. 이 문제를 이슈(issue)화 시키기 전에 우리는 오르테가의 해석가들로 하여금 골머리 앓게 한 문제인 역사적 이성과 생적 이성 간의 관계에 대하여 논의하지 않을 수 없다. 만일 인간이 역사적 존재라면 생적 이성이 역사적 이성과 동일하다는 것은 불가피할 것 같다.

오르테가가 역사적 이성과 생적 이성의 동음이의(同音異議)와 그것들의 동의어를 동시에 강조함으로 해서 역사적 이성을 생적 이성 가운데 포함시키고자 열망했다는 사실만은 부인 못 할 것 같다. "역사적 시대"를 "역사적 삶"으로, "역사적 이성"을 "생적 이성"으로 대치시키고자 노력한 것은 오르테가의 만년에 시도된 것 같다.

그런데 인간의 삶이 근본적으로 역사적 실재이다는 사실은 두 가지 방식에서 해석될 수 있다. 첫째 우리는 역사적 실재로서 삶을 철저한 방식으로 해석할 수 있다. 이 경우에 오르테가의 생적 이성의 철학은 순수한 역사주의의 표본으로 나타난다. 둘째 생적 이성의 철학은 역사주의를 비롯한 모든 철학에게 형이상학적인 기초를 주고 있다. 다른 말로 해서 이 이론에 대한 제1의 해석이 수용된다면 생적 이성은 역사의 파도에 좌우될 것이다. 다른 한편으로 만일 제2의 해석이 선호된다면 인간이란 역사적 존재이다는 진술은 희석되고 그리고 그 많은 내포를 상실할 것이다. 이 곤란을 극복하기 위해서는 두 가지 해결점이 제공될 수 있다. 그 하나의 해결점은 오르테가의 역사적 이성의 개념을 딜타이의 역사적 이성의 개념과는 달리 삶과 역사 자체보다도 오히려 삶과 역사의 작용으로서 이해되어야 한다는 훌리안 마리아스의 주장일 것이다.

다른 하나의 해결점은 이른바 생적 이성이란 이론이 아니고 명백한 사실이라는 오르테가의 가정일 것이다. 다시 말해서 — 특성상 역사적인 — 인간의 삶이란, 가령 삶 그것이 삶 자신의 구조와 의미를 관통하고자 열망할 경우, 이성을 불가피적으로 사용하지 않을 수 없는 실재이다라는 오르테가의 가정일 것이다.

Ⅱ. 사회이론

 인간이 삶을 살아감에 있어 더불어 사는 실재들 가운데 사회는 뚜렷이 눈에 띄는 실재이다. 개인의 권리들에 대한 편견 없이는, 인간이란 사회적 존재이다고 말하는 데, 이의를 제기할 사람은 없다. 그러므로 사회 분석은 아주 중요한 문제이다.
 자기의 생애 초기에 오르테가는 사회적 문제들이 차지하는 논의상의 의미심장한 비중을 분명히 인정하고 있다. 오르테가가 사회일반의 본질과 과거 및 현재의 구체적 사회들에 관하여 깊이 사유하고 있었다는 흔적들이 그의 저서들 속에 빈번하게 나오고 있다. 사실 「무척추의 스페인」과 「대중의 반역」과 같은 그의 가장 대중적인 저서들은 대부분 사회적 사실들과 문제들을 분석하는데 많은 지면을 할애하고 있다.
 사회적 주제들에 대한 오르테가의 입장은 이미 잘 알려져 있다. 「대중의 반역」에서 논의되고 있는 대중인에 대한 해부는 대중사회로서 현대사회의 문제점들을 논구함에 있어 기초가 되고 있다. 현대사회를 대중사회로서 논의하는 것은 진부한 주제가 되고 있고, 결과적으로 대중사회라는 개념은 현재는 폐기되었거나 또는 단지 조건적으로만 수용되었다. 그러나 오르테가가 1927년 초, 어떤 사상가도 관심을 두지 않고 하나의 문제로서 논의조차 하지 않았던 시기에 대중의 힘과 반역에 대하여 처음으로 사회학적 문제로서 논의하기 시작했다는 것만은 특별히 주목 받아야 할 것 같다. 이점에서 오르테가는 예언자가 아니라고 하더라도 지적인 선구자로서 평가될 수 있다.

그가 현대사회를 대중사회로서 다루고 있는 것은 사회학적인 논의도 아니고 또 오직 그것만도 아니다. 오르테가는 일정한 유형의 사회에 대해서보다도 특별한 유형의 인간에 관심을 가지고 있다. 오르테가는 그 당시에 출현한 대중인을 자기만족감에 도취한 반역자로서 예리하게 고발하고 있다. 가령 우리가 모든 인간은 평등하게 태어났다는 전제를 인정한다고 하더라도 이와 같은 전제는 모든 사람들에게 모든 문제들에 관여할 수 있는 권리를 주기에는 충분하지 않다. 그러나 대중인은 자기가 어떤 책임감도 없이 모든 특권을 가지고 있다고 생각한다. 대중인은 자기 자신이 다른 사람들보다 우월하며 그리고 그들에게 고귀함 같은 것이 있다는 것을 무시하며 또 무시하는 척 하기도 한다.

고귀함이란 본래 주어진 사회계급에 속할 수 있는 구성원의 특성을 의미하는 것이 아니다. 오르테가의 입장에 있어 고귀함이란 사회적 특성이라기보다도 인격적 특성이다.

대중인은 사회의 모든 수준에서 그리고 모든 가능한 심리학적 유형에서 발견될 수 있다. 오르테가가 상류사회의 사회에서 고귀한 인간을 찾고자 하는 경향을 가지고 있는 한 그가 다소 귀족주의적 정신을 가지고 있었다는 것은 의심의 여지가 없다. 그의 대중인의 이론은 원리상 귀족주의가, 하물며 지적인 귀족주의마저 그 자체에 있어 어떤 탁월한 자질을 가지고 있다고 주장하는 이론으로 전개되지는 않고 있다.

귀족은 대중지향적일 수 있고 그리고 가끔 대중지향적이기도 하다. 그러므로 현대사회에 있어 대중의 반역에 대한 그의 고발이 일종의 사회적 계급제도를 찬성하는 것 같이 들린다고 하더라도 그것은 이와 같은 계급제도가 상속, 부 또는 지적 능력에 기초하지 않으면 안 된다는 것을 단정하지는 않는다. 오르테가가 긍정적으로 생각하는 계급제도는 사회적 책임감과 사회 내에서의 자기의 자리를 지키고 있는 각 개인마다에 의한 실질적인 인식에 근거해 있다.

대중의 반역이 드러내고 있는 사회학적인 양상을 강조하기보다도 오히려(융통자재한 넓은 의미의 도덕이라는 의미에서의) 도덕을 강조하고 있음에도 불구하고 오르테가는 역시 사회학자 및 역사철학자와도 같이 반역의 의미를 분석하고 있다. 이러한 관점에서 볼 때 오르테가는 반역에 대해서 천박한 독자가 기대한 것보다 훨씬 덜 비판적이다.

무엇보다도 오르테가는 시계 바늘을 뒤로 돌려놓고 싶지 않은 것 같다. 대중인의 출현은 도덕적으로 말해서 개탄할만한 사건임에는 틀림없다. 그러나 역사적으로 말해서 대중의 지배가 다소간의 긍정적인 양상을 야기하고 있다는 것이 인정되어야만 할 것 같다. 왜냐하면 대중의 지배가 역사적 수준의 전면적인 상승을 의미하고 있고, 그리고 오늘날의 평균인이 어제의 평균인보다 고도의 영역에서 활동하고 있다는 것을 드러내고 있기 때문이다.[1]

오르테가가 사회적 사실들과 문제들에 대하여 시도하고 있는 분석이라든가 다양한 사회들, 특히 로마사회와 근대 유럽

---

1) Ortega, The revolt of masses, 31쪽 (*이하 Revolt라고 약기함).

사회의 본질과 발전에 대하여 시도하고 있는 음미는 다음과 같은 전제에 근거해 있다. 즉 "사회란 개인과 같이 고정된 본질을 가지고 있는 것이 아니고, 단지 역사만을 가지고 있는 것으로 부단히 변하고 있는 실재이다."

사회는 인간과도 같이 순수한 추상적인 이성에 둔감한 존재이다. 사회는 생적 이성에 의하여, 즉 설화이성과 역사적 이성에 의하여 드러날 수 있다. 그러나 특별한 사회들에 대한 검토는 우리를 곧바로 사회 자체의 이행에로 이끌어 간다. 확실히 말해서 사회자체와 같은 것이란 존재하지 않는다. 다른 한편으로 사회란 무엇인가? 라는 물음을 제기하는 것이 적절할 것 같다.

인간은 물리적 세계 내에 현존하는 것과 마찬가지로 사회적 세계 내에 현존한다. 따라서 사회는 인간이 그 가운데서 움직이고 존재하는 바 요소이다. 물리적 세계와 사회적 세계는 공통적인 것을 가지고 있다. 이 양 세계는 우리의 삶을 압박한다. 사회적 압력이란 불가피적이다는 것은 사회적 압력이 존재하지 않는다는 것을 의미하는 것이 아니다. 사회적 압력은 그것이 작용하는 한 현존한다. 사회적 압력은 관습, 습관, 규칙 등에 의하여 행사된다.2) 관습을 이해하지 않고는 어떤 사회의 본질도 이해할 수 없다. 그 점에서 관습은 특히 중요하다. 관습은 습관으로 환원되지 않으며 습관은 버릇에로 환원 될 수 없다. 관습은 반드시 일정한 형태로 자주 수행되는 행위가 아니다. 숨을 쉰다는 것은 항상 수행되지만, 그러나 그것은 관습이 아니다. 로마의 ludi saeculares3)는 1세기마

---

2) Ortega, Toward a Philosophy of History, 205 - 206쪽 (*이하 Toward 라고 약기함).
3) 고대 로마에서 한 세기 한번 거행되던 유희. 이 유희는 한 세기의 종

다 한번씩 열리지만, 그것은 관습으로 간주되고 있다. 대부분의 관습이 빈번하게 행사된다는 것은 사실이다. 그러나 그런 경우에 조차도 그 무엇이 빈번하게 행사되기 때문에 관습이 아니고, 오히려 그것이 관습이기 때문에 그것을 빈번하게 실현한다고 말하는 것이 보다 타당할 것 같다.4)

관습은 생일 파티의 경우와 같이 미약한 것일 수도 있고 소위 여론의 경우와도 같이 강력한 것일 수도 있다.5) 이 두 가지 경우에서 관습은 명백하기 때문에 우리는 이 관습의 존재에 대해서 생각조차 하지 않고 또 그 관습의 압력에 대해서도 생각하지 않는다. 사실 우리는 관습이 우리를 압도하고 있다는 것을 느끼기 시작할 때만 관습에 대해서 생각하기 시작한다. 우리는 관습의 압력이 거의 물리적 방식으로 직접 행사될 때 관습의 압력의 현존을 실감한다. 이러한 종류의 압력의 실례는 국가에 의하여 국가의 기구를 통해서 실행되는 압력이다. 그러나 국가는 비록 국가가 가장 강력한 압력이라고 하더라도 사회의 압력들 가운데 하나에 불과하다. 국가는 사회의 극치이다. 그런데 사회적 압력은 항상 달갑지 않은 것만도 아니다.6)

사회는 사실 우리들로 하여금 끊임없는 걱정 속에 빠져 있도록 두지는 않는다. 사회는 상호행위의, 특히 다수와 소수 간의 상호행위의, 즉 상호지원의 복잡한 체계이다.7) 따라서

료를 기념하는 제전으로서 열렸음.
4) Ortega, man and people, 195쪽.
5) 같은 책, 215쪽.
6) Ortega, Concord and Liberty, 22쪽 (*이하 Concord라고 약기함).
7) Ortega, The modern Theme, 103쪽 (*이하 Theme 이라고 약기

우리는 모든 것을 우리들만으로 행하기를 원하지 않기 때문에 사회를 필요로 하지 않을 수 없다.

우리들의 개체적 존재의 상당히 많은 부분은 사회적 실재들, 즉 사회적 관습과 습관들로 구성되어 있다.8) 사회적 관습들과 습관들은 우리를 짓누르고 억압하는 동시에 지원하기도 한다. 이것은 모든 사회적 압력 가운데 가장 강력한 압력으로서 국가에 있어서 조차도 명백하다. 국가는 사회 내의 일체의 것이 아니다. 국가는 사회의 한 부분에 불과하다. 헤겔이 말한 바와 같이 국가를 신성시한다는 것은 무의미한 신비주의이다.9) 그러나 국가조차도 불가피하다. 우리들의 유일한 희망은 마치 피부가 유기체의 몸통을 덮어 가리우고 있는 것처럼 국가가 사회집단을 탄력적으로 에워싸는 그런 시대에 삶을 살 수 있는 가능성에 있다.10)

이와 같은 희망은 사회사가 융성할 때, 즉 인민이 국가의 강철 같은 주형(틀)에 적응하는 대신에 생적 우선권을 생각한 이후에 국가를 형성할 수 있을 때 실현된다. 다른 말로 하면 국가가 피부와 같이 기능을 발휘할 때 우리는 "자유 가운데서의 삶"을 영위한다. 국가가 정형외과적 기구처럼 기능을 발휘할 때 우리는 적응으로서의 삶을 향유한다. 이와 같이 국가는 이중적인 역할을 한다. 이것은 사회에서도 일어난다. 그러므로 사회라는 개념은 비록 항상 일정한 정도의 정체성을 보존하고 있다고 하더라도 그 의미를 특수한 시대 특수한 사회에 의존한다. 그 때문에 사회라는 개념은 특별한 개념이라

함).
8) Ortega, man and crisis 485-7.
9) Revolt, 127 - 136쪽.
10) Concord, 32-47쪽.

고 생각된다. 사회는 이와 같이 유익하면서 유해하다. 사회는 우리가 들이마시는 공기와도 같고 우리가 부딪히는 장애물과도 같다. 이것은 모든 가능적 이의를 물리치고 더 이상 분석할 필요가 없게 하는 것으로 생각된다. 불행하게도 문제가 다소 복잡한 것 같다. 우리는 오르테가가 사회의 유익하면서 동시에 유해한 특성을 기술하고 있음을 보고 다소 당황할 수밖에 없다.

다른 한편으로 사회는 우리 자신이 사회에 밀착하지 않고는 이해할 수 없을 정도로 우리에게는 필요하다. 이것은 물론 우리가 인간을 사회적 존재로 규정하는 아프리오리한 정의로서 출발하기 때문도 아니고, 우리가 일상생활에서, 그리고 역사적 기록에서 인간 존재의 사교성에 대한 경험적 확인을 발견하기 때문도 아니다. 오르테가의 견해에 있어 인간 존재의 사회적 구조를 밝히는 추론들은 보다 본질적이다. 이 추론들은 신념이란 개인이나 특별한 단체들의 신념으로 나타나지 않는다는 사실에 근거한다.

관념도 의견도 아닌 신념은 정상적으로 말해서 집단적 성질을 가지고 있다.11) 다른 한편으로 오르테가는 사회란 개인들에 의하여 형식적으로 유지되는 관습과 여론의 조직화이고 집단화에 불과하다고 부단히 주장하고 있다. 오르테가는 여태까지 인간의 자발적인 행위의 완만한 결과로서 사회적인 활동들을 설명하는 방향으로 나아가고 있다. 예컨대 집단적 삶에서의 기능으로서, 즉 대학들, 출판사들, 기타 등등에 의하여 뒷받침되는 사회적 사실로서 철학은 창조적 개인의 활동의 결과이다. 따라서 시이저라는 존재의 기능은 - 때때로 거

---

11) 같은 책, 19쪽.

의 비인격적인 기능은 - 일정한 권력의 공백을 새로운 형의 통치를 수단으로 하여, 즉 소위 "시이저주의"에 의하여 채우기에 충분한 정치적 재능을 지닌 인간으로 시이저라고 불린 한 인간이 있었기 때문에 가능하게 되었다. 실례를 들자면 많다. 그 모든 실례들은 사회란 결코 근원적이지도 창조적이지도 않다는 사실, 즉 사회란 그 자신을 이전의 근원적인 창조를 조직화하고 관리하는 데 한정하고 있다는 사실을 확증시켜 주고 있다.12) 다른 말로 해서 사회적 관습이란 개인적 삶의 자발적이면서 완만한 결과이다. 그러나 이것은 사회적 형식들이 마치 나무껍질이 나무줄기 및 나무수액과 관계를 가지는 것과 동일한 관계를 개인의 형식들과 가지고 있음을 의미한다.

사회란 말하자면 인격의 석화(石化)이다. 오르테가가 가끔 사회의 포학에 대하여 말했다는 것은 결코 놀랄 일이 아니다.13) 그가 하물며 사회를 "무책임한 자아"로서, 전능한 힘과 그 힘의 편재로서 - 늘 "자아가 말하고", "자아가 듣고", "자아가 행동하는" 것으로 정의하는 것 역시 놀라울 일이 아니다. 따라서 사회적 양식은 비록 불가피한 양식이라고 하더라도 진정하지 못한 것으로 정의된다.14) 그러므로 우리는 자동적으로 우리에게 속하는 것과 단지 우리의 내면 가운데만 있는 "자아"에 속하는 것을 혼동하지 않도록 주의하지 않으면 안 된다. 요컨대 우리는, 비록 인간 존재에 소외가 불가피적이라고 하더라도, 인간 존재란 항상 자기 자신에의 복귀를

---

12) Toward, 210쪽.
13) Ortega, Invertbrate Spain 166 - 171쪽.
14) Concord, 109쪽.

위해 노력하지 않으면 안 된다는 것을 인정할 태세를 갖추어야 한다.15)

오르테가는 자기의 독자들에게 인간이란 "사회적 존재이다"라는 표현이란 일정한 척도에서만 진실할 뿐이라고 경고하고 있다. 사실 인간의 사회적 성향들은 부단히 인간 자신의 반사회적 충동과 대립한다.16) 여기에 「사회는 유토피아다」라는 오르테가의 역설적인 진술에 대한 설명이 있다. 왜냐하면 사회는 좋은 시계의 정밀성을 가지고 움직이는 것이 아니기 때문이다. 사회는 보통 개탄과 비탄으로 움직인다. 더욱이 집단적 삶은 모든 사회적 사실이 다른 사회적 사실들과 맞물려 있다는 것을 우리가 망각하고, 그러므로 일정한 사회가 전체로서 수용되지 않으면 안 된다고 강조하는 것을 우리가 망각할 때만 순수한 거짓으로 나타난다. 사회와 개인 간의 관계는 소외와 진정성의 대립이라는 견지에서 생각되는 것보다 더 복잡하다.

다른 한편으로 사회는 오르테가가 더불어 삶, 즉 공존이라고 일컬은 것과 혼동되어서는 안 된다. 사실 그는 이따금 공존과 사회가 동등한 용어라고 주장하기도 한다.17) 그러나 그는 사회가 연합과 혼동되어서는 안 된다는 것을 나중에 직접 명료화시키고 있다.18) 실로 공존 그 자체는 사회를 구성하기에는 충분하지 않다.19)

---

15) man and crisis 74 - 76쪽.
16) Concord, 24 - 25쪽.
17) Toward, 49쪽.
18) 같은 책, 50쪽.
19) 같은 책, 211쪽.

개인들은 사회적 규칙들과 규범들을 반드시 제시하지 않고도 더불어 살 수 있다. 이것은 대개인적 삶과 관련을 가지는 경우이다. 사랑, 우정, 친족 간의 유대 등에 있어 우리는 개인들이 단순히 타자들로서 타자들과 관계를 가지지 않고 이 개인 또는 저 개인과 관계를 가진다는 것을 발견한다.

「사랑에 빠진 개인은 자기 자신으로부터, 즉 자기의 가장 내적인 본성으로부터 여성 일반이 아닌 여성, 즉 임의의 여성이 아니고 정확히 말해서 다른 여성이 아닌 바로 이 여성에의 사랑에 빠진다.」[20]

사실 사회적인 것은 개인과 대비 될 때 나타나는 것이 아니고, 오히려 대개인적일 때(개인 간의 상호관계에서) 나타난다.[21]

오르테가의 대개인적 삶의 이론은 진정성과 소외 간의 연계를 찾고자 하는 개인의 소원의 귀결로서 창출되고 있다. 그러나 이와 같은 이론은 사회이론에의 황급한 추가가 아니다. 그것은 세계란 오직 진정하고 근본적인 실재에게, 즉 나 자신에게만 주어지는 그런 방식들에 대한 신중한 기술에 근거하고 있다. 그 근본에 있어 인간의 삶은 단지 나의 것이기 때문에 나른 보는 것은 오르테가가 말하고 있는 바와 같이 문제적인 것으로서 또는 단지 추정된 것으로서 나타날 뿐이다.[22]

---

20) Man and People, 178쪽.
21) 같은 책, 179쪽.
22) 같은 책, 114쪽.

이것은 물론 오직 나만이 현존한다는 것을 의미하는 것이 아니다. 그것은 실재란 내가 취급하지 않으면 안 되는 모든 것임을 의미할 뿐이다. 추정된 실재들이란 내가 취급하지 않으면 안 되는 모든 것임을 의미할 뿐이다. 추정된 실재들이란 근본적이 아니라고 말하는 것은 그것들이 실재들이 아니라고 말하는 것이 아니다. 그것은 추정된 실재들이란 나인 바 근본 실재의 해석들임을 말한다. 사물들, 그리고 세계일반은 (나의 것으로서 삶의 실재와 비교할 때) 제2급의 실재일 뿐만 아니라, 타자들이란 근본 실재들로서 삶을 사는 제2급의 실재들이다. 존재론적으로 말해서 나에게 타자보다 더 가까운 것은 아무것도 없다. 그러므로 대개인적인 삶은 오르테가가 말한 바와 같이 유사·근본적(Quasi-radical)이다. 그러므로 우리는 사회일반의 비진정성과 개인 그 자신이 존재할 때 개인의 진정성 사이에는 개인적 공존의 절반의 진정성이 있다고 결론을 내릴 수 있다. 물론 타자에 대한 단순한 인지로부터 소위 친밀성이라는 상호관계에서의 근접성으로 나아가는 개인적 공존의 단계들이 있다. 개인과 사회 간에는, 즉 근본실재로서 인간과 이 장악할 수 없고, 불확실하고 무책임한 주체인 세상사람들 간에는 연속성의 해결이란 없다.[23]

---

23) 같은 책, 173쪽.

제6장 오르테가에 있어서 대중의 존재 전형과 반역

　인간은 사회적 존재이다고 말할 때 이 말에 이론을 제기할 사람은 없다. 인간이 가진 신성한 인권을 부정하지 않는 한 이 말은 호세 페라터 모라(Jose Ferater Mora)의 주장과 같이 지극히 타당하다.1) 그러므로 사회에 대한 분석은 근본실재로서 삶에의 이해를 위해서 절실히 요청되는 문제이기도 하다. 오르테가에 있어 이 사회적 문제들이 차지하는 비중은 대단히 크고, 그리고 이러한 문제에 대한 논의는 그의 고유한 철학사상의 창출에 있어 의미심장한 역할을 하고 있다.

　사회 일반의 본질과 과거 및 현재의 구체적인 사회들에 대한 사고들은 오르테가의 저서들에 빈번하게 나오고 있다. 사실 오르테가의 가장 인기 있는 저서들 가운데 「무척추의 스페인」(Invertebrate Spain)과 「대중의 반역」(Der Aufstand der Massen)은 사회적인 사실들과 문제들을 분석하는데 많은 지면을 할애하고 있다.2)

　사회적 문제에 대하여 분석하는 가운데 적나라하게 드러난 오르테가의 관점들은 이미 잘 알려져 있다. 특히 「대중의 반역」에서 보여준 대중에 대한 분석은 대중사회로서 현대사회의 문제점들을 토의함에 있어 토대가 되고 있다.3) 그런데 현

---

1) Jose Ferater Mora, Ortega y Gasset, an outline of his Philosophy, 65쪽 (*이하 outline이라고 약칭함).
2) 같은 책, 같은 쪽.
3) 같은 책, 같은 쪽.

대사회를 대중사회로 다루고 있는 이 논의는 현재는 진부한 주제가 된 것 같다. 왜냐하면 대중사회라는 개념은 포기되기도 했고 조건적으로 수용되기도 했기 때문이다.4) 그러나 여하튼 오르테가가 1927년 초 어떤 사상가도 문제 제기한 바 없고 관심도 두지 않았던 그 무렵에 대중의 권력과 대중의 반역에 대하여 처음으로 본격적으로 논의했다는 사실만은 주목 받아야 할 것 같다. 이 점에서 오르테가는 예언자는 아니라고 하더라도 지적인 선구자라고 평가될 수 있다.5) 그럼에도 불구하고 현대사회를 대중사회로 규정하여 논의하고 있는 그의 논리 전개는 사회학적이지도 않고 단지 사회학적인 것만도 아니다. 오르테가는 일정한 유형의 사회에 대해서 보다 특별한 유형의 인간에 관심을 가지고 있다.

Ⅰ. 대중의 출현

오늘날의 사회에는 대중이 엄청난 지배력을 가진 사회중추 세력으로 등장했다. 이 대중은 외견적 양적 측면에서 본다면 군집(群集, die Uberfüllung) 및 충만(充滿, die Anhäufung)의 현상으로 나타나고 있다. 예컨대 도시는 수 많은 사람들로 넘쳐나고, 집들은 세든 사람들로 가득 차고, 호텔은 투숙객들로 만원을 이루고 있고, 야구장도 관중들로

---

4) 같은 책, 66쪽.
5) 같은 책, 66쪽.

초만원을 이루고 있다. 이러한 군집 및 충만(또는 초만원)은 이전에는 전혀 없었던 현상이다. 그것은 20세기에 들어오면서, 구체적으로 말하면 1920년대에 들어와서 가시적 현상으로 나타나기 시작했다.

이 군집의 근거에서 일컬어지고 있는 대중은 양적 측면과 질적 측면에서 규정된다. 대중은 양적 측면에서 본다면 위에서 말한 바와 같은 수많은 사람들, 즉 군집을 구성하는 다중의 인간을 의미한다.

대중은 질적인 측면에서 본다면 좋든 나쁘든 무슨 특별한 이유에 의해서 자기 자신을 평가하지 않고, 오히려 생각과 감정과 행동에 있어 다른 사람들과 동일하다고 느낀다. 그러니까 대중은 그 점에 있어 자기가 다른 사람들과 동일하다고 느끼는 자신에 대하여 만족을 느끼는 그런 일상적, 세속적 범인을 가리킨다. 대중은 자기 자신에게 어떤 고귀하고 도덕적인 것, 즉 인간적인 의무를 부과시키지 않고 편안하고 안이한 태도로 범속하게 살아갈 뿐이다. 오르테가는 이런 부류의 일상적 인간을 대중 또는 대중인 이라고 일컫고 있다.

오르테가는 이 대중(die Masse) 또는 대중인(der Massensmensch)의 성격을 규정함에 있어 소수자와의 대비를 통해서 시도하고 있다.

「엘리트(소수자)가 특별한 자격을 갖춘 개인이나 또는 개인들의 집단을 뜻한다면 대중은 특별한 자격을 가지고 있지 못한 사람들의 전체를 의미한다. 그러나 대중은 노동자 대중이 아니다.」[6]

---

6) Ortega, Der Aufstand der Massen: In, Gesammelte Werke, Bd.Ⅲ. 9쪽 (*이하 Adm이라고 약기함) * 이 책으로부터의 인용은

요컨대 대중은 타자지향적이다. 사람들은 무엇을 생각하며 무슨 취미를 가지고 있는가? 등에 대해 관심을 가지고 다른 사람들과 더불어 전체를 구성하는 하나의 구성요소로 살아가고자 한다. 따라서 질적인 측면에서 한 인간이 대중으로 규정되자면 다른 사람들과 차이나 구별이 없어지고 오직 하나의 일반적인 형(geneller Typus)만을 반복해야 한다. 구체적으로 말해서 한 인간이 대중으로 형성되기 위해서는 그 대중을 이루고 있는 개인들의 욕망, 사상, 생활양식 등이 일치하지 않으면 안 된다.

II. 대중의 반역 양상

대중은 자기네와 다르거나 또는 탁월하거나 선택된 것들을 무엇이든지 절멸하려고 한다. 그러므로 모든 사람들과 같지 않는 사람, 모든 사람들과 같이 생각하지 않는 사람은 언제나 배제될 위험을 안고 있다.7) 물론 여기서 말하는 〈모든 사람들〉이라고 말하면 대중과, 그리고 그 대중과는 다르다고 생각하는 특별한 소수자의 복합체이다. 그러나 오늘날에 와서는 〈모든 사람들〉("Alle")이란 대중(die Masse)만을 의미한다.8)

주로 장선영의 역서(대중의 반역)을 참조하는 가운데 이루어졌음.
7) 같은 책, 13쪽.

오늘날처럼 대중이 사회중추세력으로 등장한 시대가 있다면 그 비슷한 시대는 고대 로마제국 시대일 것 같다. 로마제국의 역사는 대중이 지도적인 소수자를 흡수하여 해체시킨 후에 그 자신이 그 자리를 차지한 "대중의 반역과 지배의 역사"(die Geschichte der Erhebung und Herrschaft der Massen)였다.9) 그러니까 고대 로마제국 시대에도 밀집(Ansammlung)과 충만의 현상이 일어났었다. 오늘날 시대의 대중처럼 고대 로마제국시대의 대중도 또한 거대한 건축물들을 지어야만 했다. 대중의 시대(das Zeitalter der Massen)는 거대성의 시대(das Zeitalter des Massigen)이다.10)

이처럼 거대성을 지향하는 대중이 우리시대에서는 이전의 대중과는 전혀 달리 시대적 반역, 문명과 문화의 반역의 길로 나아가고 있다. 오늘날 대중이 감행하고 있는 반역은 두 가지 양태로 나타나고 있다.

첫째 오늘날의 대중은 이전에 소수자의 전유물이었던 거의 대부분을 자기의 삶을 위한 레퍼토리로 삼고 있다.

둘째 대중은 지금은 소수자에게 순종도 하지 않고, 따르지도 않고, 존경도 하지 않는다. 오히려 대중은 소수자를 가장자리로 밀쳐내고 자기가 대신 그 자리를 차지하려고 기도한다.

오늘의 대중은 선택된 집단이 발명한 도구들을 마음대로 사용하면서 인생의 낙을 자기들 멋대로 즐기고 있다. 물론 이러한 도구들이나 인생의 낙은 이전에는 그것들을 발명한 그

---

8) 같은 책, 같은 쪽.
9) 같은 책, 14쪽.
10) 같은 책, 같은 쪽.

선택된 집단만이 사용하고 즐겼었다는 것은 더 이상 말할 필요조차 없다. 오늘의 대중은 이전에는 소수자의 특전으로서 자기들한테는 과분한 것으로 생각되었던 것을 획득했다. 하나의 평범한 예를 든다면 1820년에 파리에는 욕실을 갖춘 집은 열 채 미만이었지만 이제는 일반화 되었다.

대중은 이전에는 특별한 사람들, 즉 전문가들만이 알고 있었던 기술들을 이제는 비교적 많이 습득해서 이용하고 있다. 오늘의 대중이 알고 있는 것은 비단 이 물질적 기술뿐만 아니라 법적 사회적 기술에까지 이르고 있다.

1. 대중의 존재 전형으로서 평균인의 반역 양태

오르테가는 반역하는 대중의 존재 전형 가운데 평균인(der Durchschnittsmensch)을 포함시키고 있다.

이전에는 극소수에게만 한정되었던 삶의 레퍼토리가 이제 와서는 평균인의 삶을 위한 레퍼토리로 둔갑했다. 오늘날 평균인은 역사가 움직이고 있는 각 시대의 영역을 대표하고 있다. 역사에 있어 평균인의 위치는 지리에 있어 바다가 차지하고 있는 위치와 비교된다. 일찍이 어느 시대의 평균인도 오늘날의 평균인처럼 삶의 여유를 가지고 자기의 경제문제를 해결해 보지는 못했을 것이다. 하루가 멀다 하고 현대의 평균인은 자기의 표준적인 생활목록에 새로운 사치품을 첨가한다. 날이 갈수록 그의 위치는 반석처럼 굳어져 가고 이제는 타인의 의지로부터 간섭을 받지 않아도 괜찮게 되었다. 오늘날 평균인은 도처에서 사람들의 모범이 된 것처럼 행세하고 있다. 평균인의 사고와 감정 자체가 만인의 척도처럼 승인되고 있다.

평균인은 이 세계가 탁월한 인간들의 천재적인 노력의 덕분으로 창조되었다고는 꿈에도 생각 못하고 그야말로 자연발생적인 현상에 의해 생겨났다고 굳게 믿고 있다. 평균인은 너무나도 안이하게 생각하고 행동하고 있다. 현대문명이며 문화가 근본적으로 인간성에 충실하고, 도덕적 의무와 책임에 투철하고 모든 에네르기와 열정을 다 바쳐 혼신의 힘으로 현대문명과 문화를 창출한 천재적인 소수자의 성실성을 망각하고 저절로 그 모든 것이 주어진 것으로 착각한다. 이러한 태도야 말로 평균인이 가지고 있는 표피적이면서 천박한 관념에서 비롯한다. 그러므로 오르테가는 다음과 같이 말하고 있다.

「편리할 대로 편리한 현대의 삶이 약간의 사람들의 노력에 의해 유지되고 있다는 사실에 시선을 집중시키는 사람은 그리 많지 않다. 만일 실수를 하는 경우에는 지금까지 쌓아 올린 공든 탑이 무너질 수 밖에 없는데도 말이다.」11)

평균인의 심리를 분석해 보면 두 가지의 중요한 특징이 감지된다. 하나는 그들의 삶에 대한 욕망의 무한적 팽창이고, 다른 또 하나는 그들에게 안락한 삶을 가능케 해주는 그 모든 것에 대한 철저한 배은망덕이다. 이 두 가지의 특징은 오르테가에 의하면 집안에서 가족의 귀여움을 독차지하고 있는 응석받이(das verwöhntes Kind)의 심리와 같다고 할 수 있다.12)

오르테가는 대중으로서 평균인의 심리를 보다 더 구체적으로 논구하기 위해서 어린이의 심리를 예로 들고 있다. 왜냐하면 대중으로서 평균인은 영감과 노력의 천재였던 과거의 상속인으로서 주위·세계로부터 귀여움을 독차지해서 받고 있기 때문이다.

귀여워한다는 것은 욕망을 제한하지 않는다는 뜻이다. 따라서 그것은 무슨 짓을 해도 괜찮으며 또 아무런 의무도 다하지 않는다는 인상을 준다. 이러한 환경 속에서 자라난 어린

---

11) 같은 책 (* 장선영의 역문 재인용).
12) 같은 책, 45쪽.

이는 자기 자신의 한계점에 대해 그 어떤 경험을 가질 기회가 없다. 주위에서 가해지고 있는 압력을 받을 필요도 없고 또 타인들과 충돌할 이유도 없기 때문에 실로 자기 혼자만이 이 세상에 존재하고 있다고 생각하게 된다. 그리하여 타인의 존재를 무시하게 되고, 마침내 이 세상에는 자기보다 뛰어나거나 우수한 사람은 없다는 우월감, 나르시즘 또는 자기적 카리스마에 빠지게 된다. 이러한 어린이는 자기보다 더 강한 자가 나타나서 그로 하여금 욕망을 단념함과 동시에 자신을 위축시키고 제한하도록 강요할 때까지는 절대로 다른 사람의 우수성이나 탁월성을 인정하려고 하지 않는다. 그런데 현실적으로 자기보다 더 강한 사람이 나타나서 자기의 독선적인 생각을 버리지 않을 수 없게 되었을 때 그는 다음과 같은 교훈을 얻을 것이다. 즉, 여기에서 나의 존재는 끝이 나고 이제부터는 나보다 더 유능한 자가 세계를 지배할 것이다. 따라서 이 세계에는 확실히 두 가지 스타일의 인간이 존재한다. 하나의 스타일의 인간은 나라는 인간이고 다른 하나의 스타일의 인간은 나보다 더 유능하고 훌륭한 인간이다.

오르테가에 의하면 이 시대가 아닌 다른 시대의 평균인은 그의 세계로부터 이러한 교훈을 근본적인 지식으로 매일 습득할 수 있었다는 것이다.[13] 왜냐하면 당시의 세계는 하루가 멀다 하고 재난이 일어났고, 따라서 무엇 하나 안전하고 안정된 것이 없을 정도로 그 조직이 엉망이었기 때문이다. 그러나 이와 대조적으로 오늘날의 대중, 즉 평균인은 수없이 많은 가능성으로 가득 찬 안전하기 그지없는 환경에 직면해 있다. 그뿐만이 아니다. 마치 우리가 태양을 어깨 위에 올려놓는 수고

---

13) 같은 책, 46쪽.

를 하지 않는데도 태양이 하늘 높이 떠 있는 것처럼 비록 사전에 아무런 노력을 아니 해도 세상만사가 자기들 뜻대로 이루어지고 있다고 생각한다.

우리가 평소에 막연하게 이렇게 생각하듯이 이른바 귀여움을 받고 있다는 오늘날의 대중 또는 평균인이 자기들을 둘러싸고 있는 물리적 사회적 조직이 마치 자연발생적인 것처럼 거의 완전하다고 생각하고 있다. 그 때문에 그것을 아무리 사용해도 결코 없어지지 않는 공기와도 같은 원리를 가지고 있을 것이라고 착각하고 있다. 오르테가는 이처럼 다복한 가정에서 귀여움을 받는 응석받이에 빗대어 현대사회의 대중, 즉 평균인의 망나니 같은 단순하고 위험한 생각 및 행동을 비판하고 있다.

2. 대중인의 범속성과 귀족의 고귀성

오르테가는 대중인의 세속성 및 비속이 현대사회의 비인간화 또는 세속화를 촉진한다는 것을 귀족과 세습적 귀족의 대비를 통해서, 즉 고귀한 삶과 범속한 삶의 대비를 통해서 논의하고 있다. 오르테가는 이러한 대비를 통해서 현대사회의 대중인의 세속성, 범속, 무기력을 적나라하게 해부하고 있다.

오르테가에 의하면 오늘날의 대중인은 자기 이외의 어떤 최고의 법정(Instanz, 권위)에도 눈길을 보내려는 습성을 지니고 있지 않다는 것이다. 이 대중인은 현재의 자기 그대로에 대해서 만족할 뿐이다. 그러므로 대중인은 이 세상을 살아감에 있어 무리할 필요가 없이 자기 자신 속에서 찾아지는 의

견, 욕구, 기호, 취미 등을 긍정하고 만족해 하는 경향을 드러내고 있다.

이와 반대로 선택된 인간 또는 탁월한 인간(der auserlesene oder hervorragende Mensch)은 자기보다 더 높은 객관적 규범(Norm)에 봉사하려는 내면적 필연성을 두드러져 보이게 한다.

오르테가가 말하는 선택된 인간, 탁월한 인간은 비범한 인간이고 고귀한 인간, 이른바 귀족을 뜻한다. 귀족은 대중인과 대조적이다. 오르테가는 이 대중인이 지배하는 대중사회가 인간화되기 위해서는 상류사회에서 고귀한 인간, 즉 귀족 성향의 인간을 찾아야 한다고 주장하고 있다.14) 그가 이러한 경향을 보여 주고 있는 한 모라의 주장과 같이 그가 다소 귀족주의적 정신을 가지고 있었다는 것은 의심의 여지가 없다. 그러나 그의 이러한 귀족주의가, 즉 지적인 귀족주의가 그 자체에 있어 어떤 탁월한 자질을 가지고 있다고는 말할 수 없다.15)

여하튼 오르테가에 의하면 비범한 인간으로서 고귀한 인간, 즉 귀족은 자기 자신에게 요구하는 것이 무척이나 많은데 반해서 범속한 인간으로서 대중인은 자기 자신에 대해서 아무것도 요구하는 것이 없고 오직 자기라는 것에 대해서 만족하고 있을 뿐이다.

오르테가는 선택된 인간으로서 고귀하고 비범한 인간의 특성을 패러독시컬하게 규정하고 있다. 그의 입장을 따르면 본질적인 봉사성(Dienstbarkeit)의 삶을 영위하는 자는 대중

---

14) Outline, 66쪽.
15) 같은 책, 같은 쪽.

이 아니라, 바로 선택된 인간으로서 고귀한 인간이다.16) 그 이유는 이 선택된 인간이 고귀한 것을 봉사하지 않을 경우 그의 삶이 천박해지기 때문이다. 그는 봉사의 필연성에서는 어떤 부담도 느끼지 않는다. 만일 그가 우연히 그 봉사의 필연성을 없애버린다면 그는 아마도 불안에 사로잡히면서 그 봉사에 순종하기 위해 보다 더 곤란하고 요구가 많은 새로운 규범을 발명하고자 할 것이다.17) 이것이야말로 고귀한 인간이 참고 견디기 위해 스스로 선택하는 규율의 삶(Leben als Zucht), 고귀한 삶(adeliges Leben)이다.18)

고귀함(Adel)이란 어떤 권리(an den Rechten)에 의해서 정의되는 것이 아니고 자기 자신에의 요구(an Anspruch an sich selbst)나 의무(an den Verpflichtung)에 의해 정의된다. 오르테가는 이 고귀함을 한 마디로 표현해서 노우블레스 오우블리즈(noblesse oblige, 고귀한 신분에 따르는 도덕상의 의무, 즉 귀족에 부과된 책임)라고 정의하고 있다.19) 오르테가는 괴테(Goethe)의 다음과 같은 말을 통해서 고귀한 인간, 즉 귀족을 정의 하고 있다.

「자기 멋대로 삶을 사는 사람은 범속한 인간이고, 질서와 법을 갈구하는 사람은 귀족(고귀한 인간)이다.」20)

---

16) Adm, 49쪽.
17) 같은 책, 같은 쪽.
18) 같은 책, 같은 쪽.
19) 같은 책, 같은 쪽.
20) Goethe, Natürliche Töchter, Schema der Fortsetzung: In Adm, 50쪽.

(Nach seinem Sinne leben, ist gemein; der Edle strebt nach Ordnung und Gesetz)

귀족의 특권은 본래 양도나 은혜에 의해 주어지는 것이 아니고, 정복에 의해 쟁취된다. 귀족은 자기가 누리고 있는 특권이 위협을 받거나 또는 필요한 경우에는 언제나 그것을 재정복할 수 있어야만 비로소 그 특권의 유지가 가능하다는 것을 원칙으로 삼는다. 개인적 권리 또는 특권은 수동적인 소유나 단순한 향유가 아니라, 바로 개인의 노력이 다다를 수 있는 곳까지의 한계를 드러낸다.

그런데 귀족이라는 말의 본래적 의미, 즉 그 어원은 본질적으로 동적이다. 따라서 고귀한 사람은 「잘 알려진 사람」(der Bekannte)을 의미한다. 세계 내 모든 사람에게 잘 알려져 있는 사람은 유명한 사람(der Berühmte)이다. 이 유명한 사람은 이름없는 대중(der namenlose Masse)으로부터 툭 튀어나와 자기의 이름을 널리 알린다. 이러한 과정을 통해서 유명한 사람은 명성(der Ruhm)을 얻는다. 명성을 얻자면 비상한 업적을 쌓아야 한다. 귀족은 구체적으로 말해서 곧 비상한 업적을 전제로 한다. 따라서 고귀한 사람, 귀족은 노력하는 사람 또는 탁월한 사람을 가리킨다. 그러나 이러한 사람의 아들이 귀족이고 동시에 유명하다고 할 때 그것은 이미 노력과는 상관없는 하나의 순수한 은혜(ein blosses Beneficium)의 결과에 불과하다.[21] 왜냐하면 아들이 유명해진 것은 아버지가 명성을 달성하고 유명해졌기 때문이다. 다시 말해서 아들의 명성과 유명세는 아버지의 명성과 유명

---

21) 같은 책, 같은 쪽

세에서 비롯했기 때문이다. 아들의 명성과 유명세는 아버지의 명성과 유명세를 세습한 셈이다. 오르테가는 이러한 관점을 다음과 같이 기술하고 있다.

「아들의 명성은 아버지의 명성의 단순한 반영에 불과하다. 사실 세습적인 귀족(der erbliche Adel)은 간접적인 성격을 지니고 있는, 이른바 거울에 반사된 광선이고, 달빛이고 죽은 자의 명성의 반사이다. 세습적인 귀족에게 생동적이고, 진정하고, 역동적인 것으로서 남아있는 유일한 것은 조상이 달성한 노력의 수준을 유지하기 위해 자손들에게 준 자극뿐이다.」22)

고귀한 사람으로서 귀족, 즉 진정한 귀족은 오르테가에 있어서는 세습적 귀족과는 전혀 다른 "활력에 넘치는 삶"(das gespannte Leben)의 동의어이다.23) 이러한 활력에 넘치는 삶은 항상 자기 자신을 초극하려는, 이미 획득한 것으로부터 뛰어넘어 자기 자신에 대하여 의무와 요구를 부과하는 것으로 나아가려는 상태에 있다. 그러므로 고귀한 삶, 즉 귀족의 삶은 범속한 삶 또는 무기력한 삶과는 대립된다. 귀족의 삶은 자기가 자신 밖으로 뛰쳐나가려는 것을 그 어떤 외부의 힘이 막는 것으로 생각하고는 자기를 자기 자신 속에 움직이지 못하도록 밀폐시키고 영원한 자기 폐쇄 상태에 머무르도록 선고하는 그런 삶과는 전혀 다르다.

---

22) 같은 책, 같은 쪽.
23) 같은 책, 51쪽.

Ⅲ. 대중인의 지배 양상

오르테가는 20세기 유럽의 역사가 처음으로 평범한 인간(der gewöhnliche Mensch)의 결정에 좌우되는 새로운 사회적 사실들을 경험하고 있다고 주장한다. 그에 의하면 오랫동안 지배만 받아왔던 평범한 인간이 이제 와서는 세계를 통치하기로 결심했다는 것이다. 평범한 인간이 사회 전면에 나서겠다는 이 결심은 평범한 인간을 상징하는 새로운 유형의 인간(대중인)이 성숙에 이르자마자 자기의 내면 속에서 생겼다.

오르테가는 대중인이라는 이 새로운 인간 유형의 심리적 구조를 분석하는 가운데 다음과 같은 사실들을 확인하고 있다.

첫째 대중인의 삶은 용이하며, 따라서 비극적인 한계도 없다는 근본적인 확실성을 가지고 있다. 그러므로 평균적인 각 개인은 지배욕과 승리감을 확신하고 있다.

둘째 대중인은 이러한 확신 속에 자기를 긍정하고, 따라서 자기야 말로 도덕적 지적 재산이 완벽하고 아주 훌륭한 사람이라고 생각하고 있다. 이러한 자기만족의 결과 대중인은 어떤 권위도 인정하지 않고, 자기의 의견만을 무조건 옳다고 주장하고, 다른 어떤 사람의 말에도 경청하지 않고, 다른 사람의 존재를 무시한다. 절대권력에의 내적 감정만이 대중인을 자극한다. 그러므로 그는 자기 자신과 자기의 동류만이 이 세계에 존재하는 양 행동한다.

셋째 대중인은 깊은 배려, 내성, 그리고 절차상의 보류도 없이 「직접행동의 방식」에 따라 자기의 저속한 의견을 앞에 내세우면서 개입한다.

오르테가는 이러한 세 가지 특징에서 결함을 지닌 하나의 인간 존재 유형을 도출하고 있다. "응석받이"(das verzogene Kind), "반역적 미개인"(der rebellische Wilde), 즉 "야만인"(der Barbare) 등이 그것이다.24)

1. 대중인으로서 응석받이

오늘날 온 사방을 돌아다니면서 자기의 내적 야만성(unkultur)을 밖으로 퍼뜨리는 자는 사실 인류사에 등장한 "응석받이"라고 오르테가는 말한다.

이 응석받이가 오늘날 현대문명의 상속인으로서 행동을 하고 있다는 데 문제의 심각성이 있다. 현대문명은 실로 편리와 안전을 수반한 시설과 설비의 복합체로서 인류가 자랑스럽게 생각하는 유산이다. 덧붙여 말하건대 현대문명이 이 세계에서 창출한 여유 있는 삶 속에서 응석받이와 같은 특성을 지닌 새로운 인간이 출현한 것이다. 응석받이라는 이 새로운 형의 인간은 현대문명이 물질과 풍요를 생산한 것처럼 인류 가운데 만들어낸 수많은 기형(Missbildung)들 가운데 하나에 속한다. 오늘날 많은 사람들은 물질적으로 풍요한 세계 속

---

24) 같은 책 78쪽(장선영의 개념 표기 그대로 인용).

에서 태어난 삶이 매일 결핍과 싸우면서 존속하는 삶보다는 더 행복한 삶이라는 생각에 사로잡혀 있다. 이러한 생각은 분명 착각이고 환상이다.

세상물정을 모르고 안하무인격으로 살아가는 이러한 응석받이를 오르테가는 오늘날 대중인이며 평균인을 빗대어 낮추어서 언표하고 있는가 하면, 다른 한편으로는 이 대중인을 "만족에 사로잡힌 철부지 도련님"(der zufriede junge Herr)이라고 언표 하기도 한다.25)

이 "철부지 도련님"으로서 응석받이는 자기 멋대로 할 수 있다는 착각에 사로잡혀 있어 오히려 귀엽게 보이기도 한다. 그 이유는 주지하다시피 가정 내에서는 아무리 큰 죄를 저질러도 결국은 흐지부지한 채 아무런 벌도 받지 않기 때문이다. 가족적 분위기란 상대적으로 인위적이어서 아무리 많은 죄를 지어도 가족들은 관대하게 용서해 주는 것이 하나의 규범처럼 되어 있다. 만일 사회나 사람 사는 곳에서 그런 짓을 저질렀을 경우에는 당연히 벌을 받는다. 그럼에도 불구하고 이 "철부지 도련님"은 자기 집 밖에서도 집안에서와 마찬가지로 행동할 수 있다고 생각한다.

오르테가는 현대사회에서 대중인이 천박한 사고와 감정과 행동으로 세계를 속화시키는 망나니 같은 짓이 "세습적 귀족"이니, "응석받이"니, "철부지 도련님"이니 하는 시대의 기형적 존재의 망나니 짓과 같다는 생각에서 이처럼 빗대어 서술하고 있다. 더 나아가서 오르테가는 오늘날 모든 사회계급에는 예외 없이 우리시대를 대표하고 통치하고 명령하는 인간 부류가 있는데, 이런 부류의 의식구조 속에는 대중인의, 즉 세

---

25) 같은 책, 81쪽(장선영의 개념 표기 그대로 인용).

습적 귀족, 응석받이, 만족감에 사로잡힌 철부지 도련님 등의 사고방식, 감정방식, 행동양식이 내재하고 있다고 단정한다.

2. 무식한 유식군으로서 전문가

오르테가는 19세기의 문명이란 자유민주주의와 기술이라는 두 개의 장르로 이루어져 있다고 확신한다.26) 특히 현대기술은 자본주의와 실험과학의 융합에서부터 생겨나왔다. 실로 유럽의 경이적인 기술은 유럽 인종의 경이적인 증식을 가능케 했다. 그것은 인종의 증식뿐만 아니라 자본의 증자도 동시에 가능케 했다. 자본의 증자는 부르주아 계급을 낳았다. 이 부르주아 계급 내에서 최상층의 집단, 즉 현대의 귀족으로서 전문직에 종사하는 사람들이 출현했다. 현대의 귀족인 전문직의 사람들로서는 기사(Ingenieur), 의사, 재정가, 교사 등이 있다. 이러한 전문가 집단 가운데 최고의 위치와 순수성을 가진 가장 대표적인 전문가는 오르테가에 의하면 과학자이다.

어쨌던 간에 오르테가는 현대의 과학자야말로 대중인의 전형이라고 확신하고 있다. 그런데 과학자가 오늘날 결과적으로 대중인의 전형으로 전락했다는 것은 결코 우연이 아니다. 그렇다고 해서 과학자의 개인적 결함에 그 원인이 있는 것도 아니다. 원인은 문명의 기반인 과학 그 자체가 과학자를 대중인으로 만든데 있다. 따라서 오르테가는 과학이 과학자를 원시인(die Primitiven), 즉 근대의 야만인(der modern Barbare)으로 만들었다고 주장한다.27)

---

26) 같은 책, 86쪽.

전문가로서 과학자는 자기가 살고 있는 세계의 가장 미세한 부분까지도 아주 상세하게 잘 알고 있다. 그러나 과학자는 자기의 전공분야 이외 다른 분야에 대해서는 철두철미하게 모르는 것으로 일관하고 있다. 이러한 근거에서 보면 과학자 또는 전문가란 자기의 전공분야 이외의 것은 전혀 모르니까 유식한 자가 될 수 없지만, 그러나 다른 한편으로는 전문가란 과학자로서 자기의 전공분야의 것은 무엇이든지 철저하게 잘 알고 있기 때문에 무식한 자라고도 할 수 없다. 이점에서 오르테가는 전문가로서 과학자 또는 과학자로서 전문가를 "무식한 유식군"(der gelehrte Ignorante)이라고 일컫고 있다. 오르테가는 대중인의 전형으로 보고 있는 이 "무식한 유식군"이라는 이른바 전문가가 자기의 전공분야에서는 내노라 할 정도로 잘 알고 있으니까 모르는 것도 아는 체 하고 함부로 떠들고 관여하고자 하는 데 문제의 심각성이 있다고 주장한다. 현실적으로 바로 이것이 전문가라는 인간이 드러내는 행동이고 문명의 위기를 촉진하고 있다.

사실 무식한 유식군으로서 전문가, 즉 과학자가 정치, 예술, 사회관습, 전문 외의 학문 분야에 있어 원시인으로서의 그리고 무식한 유식군으로서의 행동을 태연자약하게 감행한다는 것이 오르테가에 의하면 현대사회의 퇴영화를 재촉하는 것으로 생각됨직 하다. 그런데 문제는 전문가의 원시인 또는 무식한 유식군으로서의 태도가 아주 강력하고 자신에 넘쳐 다른 분야에 종사하고 있는 전문가의 존재를 인정하지 않고 무시하는 데 있다. 이것이야말로 진실로 모순된 기상천외의 행동이 아닐 수 없다. 본래 문명이 전문가를 창출할 때 자기

---

27) 같은 책, 87쪽.

의 전공분야의 한계 내에 국한된 삶에 만족하도록 규정지어 놓았는데도 말이다.

그러나 전문가는 자기가 통솔력도 있고 인간적 가치도 있다고 자처한다. 이러한 내적 감정 그 자체가 전문가로 하여금 자기의 전공 밖의 분야도 지배하도록 충동하고 있다. 이러한 근거에서 말하자면 아무리 유능한 인간이면서 대중인과 상극을 이루는 전문가라고 할지라도 이런 경우에 있어서는 대중인과 조금도 다를 바 없다. 왜냐하면 아무런 자격도 없으면서 삶의 모든 영역 내에서 대중인과 똑 같은 행동을 취하기 때문이다.

대중의 특징으로서 예를 든 바 있지만 다른 사람의 말을 경청하려고 하지 않고 자기보다 높은 권위에 복종하지 않으려는 그 성격이야말로 부분적으로만 유능한 바로 이 전문가들에게 있어서는 그 절정에 이르는 점이다. 어쨌든 간에 전문가들은 오늘날의 대중의 지배를 상징하고 또한 지배의 대부분을 담당하고 있다. 그러므로 오르테가는 무식한 유식군으로서 전문가의 야만성이 유럽의 퇴폐의 직접 원인이 되고 있다고 주장한다.

오르테가는 현대사회 및 현대문명을 대중 사회 및 대중문명이라고 규정짓고 있다. 대중 사회로서 현대사회는 대중이 지배하는 사회이고, 이 대중이 지배하는 한 현대사회는 인간이 비인간화 및 비속화는 물론이고 사회와 문화와 문명의 퇴폐화 및 퇴영화에로 빠져든다고 오르테가는 주장한다. 왜냐하면 대중이라는 존재 자체가 질적인 측면에서 무정견, 세속성, 천박함, 편리와 안일에의 추구만을 삶의 근본으로 삼기 때문이다. 대중이 자기 자신에 대한 성찰, 역사의 인간화, 의무와 책임, 규율과 훈련을 도외시하고 안락과 편안, 자의적 행동,

자기고뇌와 자기음미로부터 일탈을 사고와 행위의 지침으로 삼는다는 점에서 대중이 지배하는 사회는 역사의 퇴영을 촉진할 뿐이다.

오르테가는 대중의 존재 전형을 분석하는 가운데 현대라는 시대가 나아가야 할 방향을 제시하고 있다. 오르테가는 대중의 알레고리로서 존재 전형을 대중인, 평균인, 세습적 귀족, 고귀하지 못한 사람, 범속한 사람, 응석받이, 만족감에 사로잡힌 철부지 도련님, 원시인, 야만인, 유식한 무식군이라는 은유적 언표로서 해부하고 있다. 오르테가는 대중의 이 모든 존재 전형을 귀족 또는 고귀한 사람에 대치되는 비인간적 존재로 규정하고 있다. 대중의 다양한 존재 전형으로부터 벗어나기 위해서는 자기가 자신에게 요구와 의무와 책임을 많이 요구하고 동시에 자기성실과 성실한 실존적 노동을 통해서 자기를 정립하는 귀족으로 나아가야 한다고 오르테가는 말한다. 귀족에의 지향을 주장한다고 해서 많은 비평가들로부터 오르테가가 귀족주의자라고 비판 받기도 한다. 그러나 오르테가는 결코 단순한 귀족주의자는 아니다. 오히려 오르테가는 자기가 자기에게 충실하고, 자기가 자기에게 엄격한 규율을 부과하고, 자기의 신분을 유지하기 위해 부단히 자기비판을 기도하고, 질서와 법을 존중함으로써 자기의 우아한 인격을 유지한다는 점에서 그런 귀족을 모범으로 삼아야 한다고 주장한다. 그런 점에서 오르테가는 우아한 귀족주의 또는 기품 있는 고귀성을 대중의 천박성에서 초탈하고자 하는 하나의 목표로서 덕목으로 찬양하고 있다.

참고문헌

Jose Ortega Y Gasset : What is Philosophy. W. W. Norton & Company, INC, 1963.
Jose Ortega Y Gasset : History as system. W.W. Norton & Company, INC, 1962.
Jose Ortega y Gasset : Some Lessons in Metaphysics. W.W.Norton & Company, INC. New York. 1969
Jose Ortega y Gasset : Man and People. W.W.Norton & Company, INC, 1963.
Jose Ortega y Gasset : Meditations on Quixote. W. W. Norton & Company, INC. New York. 1963.
Jose Ortega y Gasset : Man and Crisis. W. W. Norton & Company, INC. New York. 1962.
Jose Ortega y Gasset : Man the technician. W. W. Norton & Company, INC. New York. 1962.
Jose Ortega Y Gasset : The Revolt of the masses. W.W. Norton & Company, INC, 1960.
Jose Ortega Y Gasset : Phenomenology and Art. W.W. Norton & Company, INC, 1975.
Jose Ortega y Gasset : The Origin of Philosophy. W.W. Norton & Company, INC. New York. 1967.
Jose Ortega y Gasset : An Interpretation of Universal History. W. W. Norton & Company, INC. New York.1975.
Jose Ortega y Gasset : Mission of the University. W.W.

Norton & Company, INC. New York. 1966.
Jose Ortega y Gasset : Concord and Liberty. W.W. Norton & Company, INC. New York. 1963.
Jose Ortega y Gasset : The Dehumanization of Art and other essays. W.W. Norton & Company, INC, 1972.
Jose Ortega y Gasset : Die Aufgabe unserer Zeit(in Band Ⅱ).
Jose Ortega y Gasset : Der Aufstand der Massen(in Band Ⅲ).
Jose Ortega y Gasset : Die Aufgabe der Universität(in Band Ⅲ).
Jose Ortega y Gasset : Betrachtungen über die Technik(in Band Ⅳ).
Jose Ortega y Gasset : Geschichte als System(in Band Ⅳ).
Jose Ortega y Gasset : Was ist Philosophie(in Band Ⅴ).
Jose Ortega y Gasset : Der Mensch und Die Leute(in Band Ⅵ).

※ 독일어로 번역된 오르테가의 전집은 『Gesammelte Werke』, Stuttgart, Deutsche Verlags-Anstalt GmbH. 1978에 속하는 것임.

Harold. C, Raley, Jose Ortega y Gasset … Philosopher of European Unity. The University of Alabama press. 1971.
Herbert Spiegelberg : The Phenemenological Movement. (Ortega's Part and Its Significance). Martinus Nijhoff, The Hague. 1960.

Paul Edwards : The Encyclopedia of Philosophy … Jose Ortega y Gasset. Macimillan publishing Co., INC & The Free Press. New York. 1972.

Julian Marias : Notes on 「Meditations on Quixoote」. W.W. Norton & Company, INC. New York. 1963.

John Miller : The Ahistoric and the Historic. W.W. Norton & Company, INC. New York. 1962.

Martin Heidegger : Sein und Zeit. Max Nie Meyer verlag Tübingen. 1977.

Jose Ferater Mora, Ortega, y Gasset - an outline of his philosophy, Yale University Press, New Haven, 1963

Hermann Diels, Fragment der Vorsokratiker Band Ⅰ,Ⅱ,Ⅲ, Weidmann 1974

Karl Jaspers, Die Großen Philosophen, R. Piper & Co. Verlag, München, 1988

호세 오르테가 이 가세트(장선영 역), 대중의 반역

부록

오르테가의 생애와 사상

부록 / 오르테가의 생애와 사상

1. 생애

 호세 오르테가 이 가세트(Jose Ortega y Gasset)는 스페인 출신의 철학자이다. 일반적으로 오르테가라고 불리어지는 이 위대한 철학자는 피카소, 우나무노, 카잘스 등과 더불어 20세기 스페인의 지적 세계를 빛낸 석학이다. 오르테가는 우리나라에서는 유달리 알려져 있지 않지만, 유럽과 미국 및 일본에서는 이미 하이데거, 야스퍼스, 러셀에 버금가는 철학자로서 평가될 만큼 널리 알려져 있다.
 오르테가는 단순히 철학자로서만 규정될 수도 없고, 또 일반적인 사상가로서도 간주될 수 없다. 그는 오히려 철학자이면서 사상가이고 문명비평가이면서 사회철학자이다. 그의 철학적 입장도 역시 현상학에 속하면서 동시에 삶의 철학과 실존철학에 속한다. 그의 철학은 이 가운데 어느 한 영역에만 귀속될 수 없을 정도로 복합적이면서 다양하다. 그러나 오늘날 강단의 철학자들은 그의 철학을 대체로 딜타이의 「삶의 철학」의 테두리 속에 포함시키고 있다.
 오르테가는 1883년 5월 9일 스페인의 마드리드에서 태어났다. 그는 마드리드대학에서 철학을 연구하였고 1904년 약관 21세에 마드리드대학에서 철학박사 학위를 받았다. 그 이후 그는 약 5년 동안 독일의 베를린대학, 라이프치히대학, 마르부르크대학에서 철학을 연구하였다. 특히 그는 마르부르크 대학에서는 신칸트학파의 코헨으로부터 철학적 사유를 지도받았다.

1910년 오르테가는 마드리드대학의 철학과 교수로 임명되었다. 이 마드리드대학에서 그는 약 26년 동안 대학강단을 지키면서 자기의 고유한 철학적 영역을 확립하였다.

그의 고유한 철학사상은 대학에서의 강의와 세미나 그리고 수많은 초청강연, 저술, 잡지 기고 등을 통해서 소개되고 천명되었다. 따라서 그의 철학사상은 이러한 방법을 통해서 스페인의 젊은 지식인들에게 많은 영향을 미쳤다.

그는 또한 서양 전통철학에서 논의되고 있던 수많은 다양한 철학용어들을 스페인어로 표기하는 것을 마무리 지었다. 그는 지중해 연안에만 머물러버린 스페인 문화와 사상을 유럽의 그것과의 연관 속에 규정지어면서 스페인의 유럽화에의 길을 열어 놓기도 하였다. 1923년에 그가 창간한 「서구평론」은 바로 이러한 목적을 실현하기 위한 하나의 사상적 수단이었다. 그는 이 문예지를 통해서 수준 높은 논문, 에세이, 문예평론을 썼다. 이 문예지에 게재된 글들은 대부분 유려한 스타일에다 은유와 아포리즘으로 곁들여진 형태로 이루어져서 발표되었다. 이 때문에 그는 알베르트 카뮈로부터 「니체 이후 가장 위대한 문필가이다」라는 평가를 받기도 하였다.

오르테가는 단순히 지적인 관념 속에만 파묻힌 채 이론의 수립에의 길을 걸어가는 사변적인 철학자가 아니다. 그는 사상을 머릿속에서만 체계화시켜 놓고 감상만 하고 있는 것이 아니고, 그것을 현실화시키고자 노력하였다. 특히 그는 철학적 사유의 현실적 조건으로서 자유사회의 구현을 몹시 열망하였다. 이러한 열망에서 그는 공화정의 유지를 갈망하는 지식인들을 규합하여 프리모 데 리베라의 독재정권에 저항하기도 하였다. 1931년에 그는 부르봉 왕가의 마지막 왕인 알폰소 13세를 퇴위시키는 데 주요한 역할을 담당하기도 하였다. 드디어 군주제가 무너지고 제2공화국이 수립되면서 그는 제헌의원으로 당선되었다. 그는 제헌국회에서는 주로 자유공화정의 존속을 위하여 공화파의 지적인 의원들과 더불어 「공화국봉사단」을 조직함으로써 비판세력의 지도적 역할을 맡았다.

1936년 7월 18일 내란이 일어나자 당시 담낭증으로 몹시 고생하던 오르테가는 초당적인 입장을 견지, 시종 침묵으로 일관하던 중 — 병을 이유로 — 주(駐)스페인 프랑스대사관의 도움으로 바로 그 해 8월에 망명의 길에 올랐다. 이때부터 약 13년간 쉴 사이 없는 방랑이 시작되었다. 망명길에 오르던 당시 오르테가는 심한 담낭증으로 인해서 반년 동안이나 망명지인 프랑스의 그레노블에 있는 La Tronche의 병상에 누워 있었다. 1936년 늦가을 병이 몹시 악화되자 그는 파리로 옮겨 왔으며, 여기서 다소 심한 병세를 진정시킬 수 있었다.

1937년 봄 그는 네덜란드의 호이징아의 초청으로 약 2개월 간 네덜란드 전국을 순회하면서 사상강연을 가지기도 하였다. 그가 파리로 돌아오자마자 병세가 다시 악화, 1938년 10월에는 거의 절망적인 상태에까지 이르렀다. 그러나 1939년 이른 봄 담낭수술에 성공한 이후 포르투갈의 알가르베 해안에서 2개월 동안 요양함으로써 완전히 건강을 되찾았고, 계속해서 파리에 체류할 수 있었다.

세계 제2차 대전이 일어나자 오르테가는 유럽을 떠나야겠다는 생각을 가지게 되었다. 그래서 그는 1939년 8월 말 파리를 떠나서 부에노스 아일레스로 갔다. 그 곳에서 그는 주로 저술에 전념했다. 이 때 완성된 논문 및 저서들은 다음과 같다. 「자기 침잠과 자기 소외」(1939년), 「로마제국」(1940년), 「지성과 타자」(1940년), 「사랑에 관한 고찰」(1941년), 「체계로서의 역사」(1941년).

1945년 오르테가는 부에노스 아일레스를 떠나서 포르투갈의 리스본에 정착했다. 리스본에서도 그는 주로 강연과 저술에 전념했다.

스페인 내란이 종식되고 프랑코정권이 수립되면서부터 그는 프랑코정권과의 대화가 시작되었고 동시에 화해 무드가 이루어졌다.

1948년 드디어 그는 프랑코의 제스처에 따라서 13년간의 망명생활을 청산하고 그리운 조국으로 돌아왔다. 귀국한 바로 그 해 65세의 오르테가는 자기의 사랑하는 제자인 훌리안 마리아스와 함께 마드리드에서 「인문학연구소」를 설립했다. 그는 이 「인문학연구소」를 새로운 형식의 대학이면서 정신적 만남의 장소로 발전시켜 나갔다.

1948년에서 1949년 사이에 그는 「인문학연구소」의 주최로 연속강좌를 개설했다. 이 연속 강좌 가운데 첫 강좌는 토인비에게 바치는 형식으로 시작되었다. 첫 해의 강좌는 전부 자기 혼자 도맡아서 진행되었다. 1949년에서 1950년 사이의 제2회 강좌부터는 오르테가가 자신의 강의는 물론이고 자기의 제자들의 강의를 곁들이는 가운데 대체로 토론과 대화의 형식으로 진행되었다. 이 연속 강좌에서 그가 강의한 내용은 주로 「개인과 사회」에서 논의된 테마들로 구성되어 있었다.

이 두 해 동안의 연속 강좌는 기대 이상의 성과를 거두고 있었지만, 계속해서 진행시켜 나가는 데는 상당한 어려움을 겪고 있었다. 왜냐하면 그 당시 프랑코정권은 이 연구소의 성격, 활동, 그리고 오르테가 자체에 대해서 매우 회의적인 눈으로 본 나머지 이 연속 강좌 개설에 계속 압력과 제약을 가하고 있었기 때문이다. 이러한 어려운 상황 속에서도 그는 매우 낙관적으로 생각하고 있었다. 그의 다음과 같은 말은 당시의 자기 심정을 잘 나타내고 있다. 「정부는 대체로 나 자신에 대해서는 간섭하지 않고 단지 나의 업무에만 관여하고 있다.」

 1949년 오르테가는 괴테 1백주년에 즈음하여 독일의 여러 도시들에서 괴테 1백주년추모기념강연회를 가졌다. 1951년과 1953년에 그는 두 차례에 걸쳐서 「다름슈타트 토론회」에 초청을 받고 참여함으로써 하이데거와의 역사적인 만남을 가지기도 하였다. 그는 1945년에는 프랑코정권에 대한 회의로 말미암아 아예 독일에 정착하고자 하는 생각을 가지기도 하였다.

 이러한 심정상의 동요 가운데 그는 1955년 10월 18일 72세를 일기로 마드리드에서 삶에 종말을 고하고 말았다.

 오르테가 사후 스페인 지식사회에 있어서 그에 대한 평가는 대체로 우나무노와 대비되는 가운데 나왔다. 스페인 지식인들에 의하면 내란 당시 우나무노가 파쇼정권에 대항하여 지칠 줄 모르는 투쟁적 공격적 정신을 보여준 데 비해서 오르테가는 내란에 대해서 침묵으로 일관했고 탄압이 심해지자 외국으로 망명하여 주로 외국의 대학에서 강연과 저술에만 전념했다는 것이다. 비록 그가 망명 도상에서 독재정권에 대항하여 투쟁했다고 하더라도 그것은 단지 망명중인 지적인 엘리트만으로 구성된, 극히 그 범위가 제한된 전선(戰線)만을 형성하는 데 그쳤을 뿐이라는 것이다. 더욱이 그는 스페인 국내에 아무런 자유와 평화가 구현되어 있지 않았음에도 불구하고, 독재자와의 휴전 상태에서 모든 문제를 결말짓고자 기도했다는 것이다.

1963년 마라로페츠가 쓴 다음과 같은 말은 일부 스페인 지식인들이 오르테가를 우나무노 보다 낮추어서 평가한 한 단면을 잘 반영하고 있다.

「우나무노는 망명한 지식인들에게 절대적인 영향을 미친 데 반해서 오르테가는 하물며 자기의 많은 제자들로부터서도 외면되었다.」

사실 오르테가에 대한 이러한 비판은 당시의 독재정권에 대한 격렬한 레지스탕스를 기대했던 일부의 급진적인 지식인들의 입장의 반영에 불과하다. 그러나 내란을 지혜롭게 종식시키를 바랐던 대부분의 지식인들에게 비추어진 오르테가는 실제로 내란 당시와 그 이후에 있어 대(對)독재정권투쟁의 건전한 야적(野的) 힘을 모으는 하나의 기수 역할을 완수했다. 스페인 내란 이후 오르테가의 가장 비판적인 제자들 가운데 한 사람으로 알려진 이른바 시인이면서 정치인이었던 디오나지오 리드루에코가 1956년 학생소요 당시에 한 다음과 같은 말은 오르테가에 대한 정당하고 객관적인 평가로서 수용되고 있다.

「우리는 오르테가로부터 우리 시대의 경향성을 형성했고, 우리의 판단을 일깨웠고, 우리의 정신적 삶을 일깨웠고, 우리의 정신적 발전과 가르침을 주었던 위대한 스승을 본다. 다시 말해서 우리는 오르테가로부터 우리 가운데 어느 누구보다도 위대했고, 그의 철학적 사유가 철학함의 모범이 되었으며, 우리에 대한 정신적 양육과 관여 없이는 결코 우리 자신이 존재할 수 없었던 위대한 스승을 본다.」

오르테가는 참으로 우리 시대의 위대한 철학자이면서 스승이다.

2. 사상의 소묘

 오르테가는 서양철학의 두 갈래의 근본 흐름이었던 관념론과 실재론을 종합하고자 하는 시도에서 철학적 사유를 감행하고 있다. 그의 관점에 의하면 관념론과 실재론이 주장하고 있는 실재에의 인식이란 단지 일면적인 진리에 그치고 있다는 것이다. 말하자면 주관으로서의 사유하는 자아만이 근본실재라고 주장하는 관념론이나 객관으로서의 세계만이 근본실재라고 생각하는 실재론은 다같이 실재의 근원성을 어느 일방에만 부여하고 있다고 그는 비판하고 있다.

 근본적인 진리는 그에 의하면 사유하는 주관으로서의 「나」와 나에 의하여 사유되는 객관으로서의 세계와의 공재이다.

 「나」와 「세계」와의 관계는 일방적인 것이 아니다. 그것은 세계란 내가 사유하는 바의 것이고 세계가 존재한다고 느끼는 바의 것이라는 형식과 그 정반대의 형식, 즉 나 역시 세계에 의존하고 있다고 하는 형식을 동시적으로 내포하고 있다. 나와 세계와의 관계는 상호의존적, 상호의속적, 상관관계적이다. 즉 그것은 공재적이다.

 이 이론을 쉽게 풀어서(독자들의 이해를 돕기 위해서) 이야기하자면 세계도 나에게 향해 있는 바의 것이고, 나도 세계에게 향해 있는 바의 것이다. 나와 세계 ― 이 양자는 서로를 지향하고 서로를 필요로 하고 있다. 나는 세계를 필요로 하고 세계는 나를 필요로 한다. 구체적으로 말해서 나는 세계를 바라보고 세계는 나로 하여금 그렇게 바라보도록 촉발하고, 나는 세계를 꿈꾸고 세계는 나로 하여금 그것을 꿈꾸도록 자극하고, 나는 세계를 고뇌하고, 세계는 나로 하여금 고뇌하도록 만든다.

오르테가는 나와 세계 간 의 이러한 상관관계를 삶이라고 규정하고 있다. 삶에 대한 이러한 규정은 삶의 일반성에 대한 정의를 의미한다. 그러나 개인적 삶에 대한 규정은 삶의 일반적 정의의 기초에 근거한 개인 자신의 자기 이해를 수반한다. 다시 말해서 한 개인이 세계 내에 현존하면서 동시에 자기가 이 세계와 상관적인 관계를 가지고 있다는 사실에 대한 인식 없이는 엄밀한 의미에 있어 삶은 형성될 수 없다.

인간의 삶이 이처럼 자기이해라면 그것은 사물과 대비함으로써 아주 명백하게 인식된다. 예컨대 무생물로서 돌은 자기 자신이 돌이라고 느끼지도 못하고 인식하지도 못한다. 돌은 자기 자신에 대해서 맹목적이다. 그러나 인간은 자기 자신이 어떠한 존재인가를 인식하지 않고는 현존재에 만족하기를 거부한다. 그러므로 인간은 자기를 인식하고 이해하고자 부단한 노력을 기울인다. 이러한 노력의 결과 인간은 자기 자신이 세계 내에 존재하면서, 세계와 더불어 그리고 세계와 대면하면서 살고 있음을 발견한다. 이것이 바로 삶의 제1속성이라고 오르테가는 말하고 있다.

인간은 근본적으로 세계 내에서 이것저것에 관여하면서 살아간다. 인간이 이것저것에 관여한다는 것은 인간 자신에게 주어진 여러 가능성 가운데 그 무엇을 선택한다는 것을 의미한다. 이 선택은 이미 예정된 선택이 아니고 주어진 상황 속에서 자기 스스로 해결하지 않으면 안 되는 하나의 과제이다. 그러므로 삶은 인간에게 완성된 그 무엇, 즉 기성의 그 무엇으로서 주어지는 것이 아니고, 오히려 결여태로서 부여된다. 이 때문에 인간은 주어진 결여를 충족시키기 위하여 그 무엇을 형성하지 않으면 안 된다. 이것을 오르테가는 삶의 제2속성이라고 정의하고 있다.

인간은 이 점에서 본다면 자기의 현존재를 형성하는 존재자이다. 따라서 결여태로서의 자기의 삶을 무엇으로 충족시킬 것인가라는 것은 곧 자기가 이 세계 내에서 무엇으로 존재할 것인가를 결정하는 것을 의미한다.

인간은 자유 가운데서 존재의 가능성을 선택한다. 인간은 원하든 원하지 않든 간에 강제적인 자유이다. 자유하다는 것은 본질적인 동일성의 결여, 확정적인 존재로 지정되지 않는 것, 이미 존재하였던 바와는 다른 그 무엇일 수 있는 것, 자기 자신을 어떤 주어진 존재 가운데 안주시킬 수 없는 것을 의미한다. 이 자유존재의 유일한 속성은 본질적인 불안정성이다. 그러므로 본질을 결여하고 있는 자유존재로서 인간은 자기의 삶의 충족을 위한 계획을 형성한다. 이 점을 고려한다면 인간은 자기 자신의 현존재를 위해서 원하는 것을 형성할 수 있는 무한한 조형가능적인 존재자이다. 그렇다고 해서 인간이란 자기 자신을 어떤 순간에서이건 간에 그 무엇을 형성할 수 있다는 것을 말하는 것은 아니다.

인간 자신 앞에는 존재의 여러 가능성이 있지만 그의 배후에는 그가 이미 존재하여 왔는 바의 것이 있다. 바로 이것이 인간의 존재의 여러 가능성에 제약을 가하는 것이다. 인간 자신이 존재하여왔는 바의 것은 그가 장차 존재하고자 하는 바의 것에 대해서 소극적으로 작용한다. 다시 말해서 내가 장차 존재하고자 하는 것은 이른바 삶의 경험에 의존한다. 이 삶의 경험이란 우리 자신이 이미 존재하였던 바의 것에 대한 지식이다. 이 지식은 우리의 오늘, 우리의 현재, 즉 우리의 현실 가운데 항상 현존하여 있고 또한 축적되어 있다.

 삶의 경험이란 단지 나의 과거, 즉 내가 개인적으로 가지고 있는 경험만으로서는 구성되지 않는다. 삶의 경험은 나의 역사적 환경, 즉 내가 살고 있는 시대 및 사회에 의하여 나에게 전달된 나의 조상들의 과거로 구성되어 있다.

 인간의 현재의 삶 가운데는 이와 같은 삶의 경험, 이미 존재하여 왔던 바의 것으로서의 과거가 항상 변증법적 과정을 형성하면서 작용한다. 그러므로 인간에게 안정되고 구체적인 것, 즉 고정적이고 확정적인 것이라고는 전혀 없고 오직 변화만이 있다. 인간의 존재의 실체가 있다면 그것은 단지 변화에 불과하다. 이 변화의 내용의 전체적 과정이 곧 역사이다.

 그러므로 오르테가는 인간을 삶의 역사성이라는 관점에서 이해한다. 다시 말해서 오르테가에 있어서 인간이란 삶의 경험의 변증법적인 연속에서 진보하는 존재이고 동시에 삶에 대한 이해는 생적 이성에 의해서만 가능하다. 따라서 그의 삶의 변증법은 생적 이성의 변증법이다.

 오르테가의 이러한 생적 이성의 철학은 한마디로 말해서 헤라클레이토스가 뿌린 씨앗을 오르테가 자신이 이제사 수확한 철학사상이다.

찾아보기

ㄱ
가능성 37, 41, 45
개방성 94
개연성 24
개재 119
경험의 변증법적 연속 43, 105, 140
고정성 15, 19, 117
공재 31, 33, 103
관념론 11, 22, 25, 102
관습의 목록 48
근본명제 116, 124
근본실재 11, 34, 37, 63, 103
근접성 96, 209
기술 144, 148, 150, 160, 161, 163, 164, 166, 167, 168
기술인의 기술 164, 169
기재 23, 50, 53

ㄴ
내면성 89, 90, 96

ㄷ
도구연관 82
도식(Schema) 114
동일성 47, 50, 117, 118
동일적 기재 19
동일적 존재 15, 20, 117
동일화 115
드라마 11, 43, 144

ㄹ
로고스 114, 127, 128, 130

ㅁ
만물유전 114
명증적 30, 38, 77
물리학적 이성 11, 12, 18, 121, 188
물화 21, 120

ㅂ
방위결정 23, 84
벽 23, 27, 32, 35
변장적 자연주의 20
변증법 50
변증법적 이성 11, 105
봉사성 70, 82
비엘레아적 존재 139

ㅅ

사유하는 자아 16, 18
사회성 12, 81, 84
산 신앙 14
삶 11, 12, 13, 33, 35, 36, 37, 38, 39
상관관계 33, 34
상호공속 11
상호교섭 11
생적 이성 4, 12, 104, 130, 131, 132, 141, 186, 187, 189, 190, 192
생적 이성의 변증법 52, 114, 140
선인식 64
선택 41, 137
설화이성 130, 131, 133, 142
성존 19, 49, 119
소여존재 111
순수곤란 44, 152
순수내재 34
순수역학 83
순수용이 44
순수충돌 83
순수한 타자 98
순응 26, 97, 120, 149
습관성 74
신념 13, 14, 61

신념의 목록 14
신념의 체계 13
신앙 14, 113, 172
실용물 59, 82
실용적 장 70, 83
실재 12, 21
실재론 11, 102
실천 59, 65

ㅇ

알레고리 121
야스퍼스 129
엔지니어 171, 172
엘레아적 존재 16
엘레아학파 14, 15
역사성 12, 130
역사적 이성 106
연장 16, 18
외과수술적 개입 20
우나무노 237
우리주의 95
원거리 69
원근법 77, 161
원물 21, 113
원시적 필요 145, 146
이야기이성 130, 133

ㅈ
자기동일성 116, 122
자연 12, 15, 16, 17, 19, 20
자연주의적 이성 15
자유 37, 41, 47
잘삶 144, 149, 150, 160, 173
장인 166, 167, 168, 169
전경 69, 92
정신과학 18, 20
정태성 16, 19, 126
제1의 계획 51, 140
제2의 계획 140
제2의 인간 54
제3의 인간 54
제국주의적 승리 122
조형가능적 존재 12, 41
존재 14, 18, 19
존재계획 51
죽은 신앙 14
지성 20, 89, 120
지향성 106, 126
직관적 이해 99
직인의 기술 164, 166
진리성 11
진보 53, 137

ㅊ
철학적 사유 106
초자연적 조건 145, 150
초자연적인 행위 149
추상화 113, 115, 116, 121
친밀성 96, 97
친밀성의 영점지대 97, 99

ㅌ
타동사적 조작 20
탈고독화 81, 99

ㅍ
표현의 장 91, 99
프라그마타 60, 113

ㅎ
현상학 106, 107, 110, 237
현실적 변증법 52, 140
현전성 39, 73
현존재 153, 192, 245, 246
형이상학 102, 104, 153, 198
환경 34, 38, 39, 40, 46, 108, 138, 148, 191, 217
후설의 현상학 107
흐름 114

인명

ㄱ
갈릴레오 160

ㄷ
데카르트 16, 17, 26, 160, 178, 190
딜타이 105, 106, 177, 188, 198, 237

ㄹ
랠리 61, 108, 132

ㅂ
베르그송 183, 188

ㅅ
사르트르 3, 109
소크라테스 124
슈피겔베르크 107
스피노자 16

ㅇ
아담 71
아리스토텔레스 15, 118, 178, 183
이브 71

ㅋ
칸트 119, 184
코헨 106, 238
키에르케고르 181

ㅍ
파르메니데스 113, 116, 117, 118, 120, 126
플라톤 117, 118

ㅎ
하이데거 3, 62, 107, 109, 176, 177
헤겔 11, 14, 18, 119, 178, 204
헤라클레이토스 12, 114, 123, 124, 125, 126, 128, 129, 131, 135, 137, 141, 143, 183
호세 페타터 모라 210
후설 106, 177
후이겐스 160

지은이 | 정영도
영남대학교 대학원 졸업(철학박사)
독일 뮌헨대학교 세니오렌 슈투디움 수학

동아대학교 명예 교수(철학 전공).
(전) 한국니체학회 회장
(현) 한국야스퍼스학회 회장

저서 및 역서
니체의 사랑과 철학(저서, 서문문고 305번 서문당)
야스퍼스의 실존적 이성의 철학(저서 도서출판 이경)
카를 야스퍼스(쿠르트 잘다문 / 정영도 역, 지만지)
개인과 사회 (오르테가 저 / 정영도 역, 서문당)
야스퍼스의 철학사상(월래프 저 / 정영도 역, 서문문고 303번, 서문당)
외 45권

오르테가의 철학사상 〈서문문고 313〉

초판 인쇄 / 2013년 7월 20일
초판 발행 / 2013년 7월 25일
지은이 / 정 영 도
펴낸이 / 최 석 로
펴낸곳 / 서 문 당
주소 / 경기도 고양시 일산서구 법곳동 1155-3
전화 / 031-923-8258 팩스 / 031-923-8259
창업일자 / 1968. 12. 24
등록일자 / 2001. 1. 10
등록번호 / 제 406-313-2001-000005호
SeoMoonDang Publishing Co. 1968
ISBN 978-89-7243-513-6

※ 잘못된 책은 바꾸어 드립니다